RICARDO COSTA V. SILVA

SEJA O LÍDER QUE TODOS QUEREM OUVIR

Diretora
Rosely Boschini

Gerente Editorial Sênior
Rosângela de Araujo Pinheiro Barbosa

Editora Pleno
Audrya de Oliveira

Assistente Editorial
Mariá Moritz Tomazoni

Produção Gráfica
Fábio Esteves

Preparação
Elisabete Franczak Branco

Capa
Miriam Lerner

Projeto Gráfico e Diagramação
Beatriz Borges

Revisão
Andresa Vidal

Impressão
Bartira

CARO LEITOR,
Queremos saber sua opinião sobre nossos livros.
Após a leitura, siga-nos no linkedin.com/company/editora-gente, no TikTok @editoragente e no Instagram @editoragente e visite-nos no site www.editoragente.com.br.
Cadastre-se e contribua com sugestões, críticas ou elogios.

Copyright © 2024 by Ricardo Costa V. Silva
Todos os direitos desta edição são reservados à Editora Gente.
Rua Natingui, 379 – Vila Madalena
São Paulo, SP – CEP 05443-000
Telefone: (11) 3670-2500
Site: www.editoragente.com.br
E-mail: gente@editoragente.com.br

Dados Internacionais de Catalogação na Publicação (CIP)
Angélica Ilacqua CRB-8/7057

Silva, Ricardo Costa V.
    Seja o líder que todos querem ouvir : como as estratégias de comunicação persuasiva e inspiradora podem alavancar os seus resultados na liderança / Ricardo Costa V. Silva. - São Paulo : Autoridade, 2024.
    224 p.

ISBN 978-65-88523-77-3

1. Liderança 2. Comunicação 3. Líderes I. Título

23-6645   CDD 658.4092

Índices para catálogo sistemático
1. Liderança 2. Comunicação 3. Líderes

Este livro foi impresso pela gráfica Bartira em papel pólen bold 70g em fevereiro de 2024.

NOTA DA PUBLISHER

Seja o líder que todos querem ouvir é uma obra singular que desvenda um dos maiores desafios contemporâneos: a comunicação eficaz como ferramenta crucial na liderança. Em um mundo onde a comunicação é essencial, poucas pessoas dominam verdadeiramente a arte de se expressar com qualidade e impacto. Este livro, então, surge como um farol para aqueles que buscam aprimorar suas habilidades de comunicação e liderança, conquistando os resultados e o impacto desejados, assim como o respeito e a admiração de quem o escuta.

Independentemente de sua área de atuação, líderes serem bons oradores é algo fundamental na construção de equipes sólidas e na concretização de visões. A capacidade de transmitir ideias com clareza e persuasão é uma característica intrínseca aos grandes líderes, e é esse aspecto que o autor explora magistralmente em cada página deste livro, mostrando que é uma qualidade que pode ser aprendida e desenvolvida por todos.

Ricardo não é apenas um estudioso na arte da comunicação, mas uma pessoa de notável caráter e um profissional de alta qualidade no cenário técnico e político. Seu carisma encanta e sua experiência se reflete em cada palavra escrita. Sua dedicação em compartilhar conhecimento e experiências é evidente, tornando este livro uma leitura enriquecedora para todos os líderes em busca de aprimoramento.

É com entusiasmo que convido todos a mergulharem nas páginas desta obra, que não apenas aprimorará suas habilidades de comunicação, mas servirá como um guia indispensável para se tornar um líder capaz de cativar e influenciar positivamente aqueles ao seu redor. Aproveite esta oportunidade única de crescimento pessoal e profissional.

Rosely Boschini
CEO e Publisher da Editora Gente

Dedico este livro a minha filha Ana Vitória, que sempre me faz buscar ser um pai e uma pessoa melhor. A minha mãe Dalva, que me mostrou a força e a importância da educação, e a meu pai Benedito, que me ensinou o que é persistência e o papel central do trabalho em minha vida.

AGRADECI-
MENTOS

Momento de agradecer.

Ao escrever este livro, conheci pela primeira vez a síndrome do impostor. Eu achava, até então, que ela só acometia famosos. De acordo com o National Institute of Health, essa síndrome é um fenômeno de saúde comportamental descrito como dúvida quanto a intelecto, habilidades ou realizações entre indivíduos de alto desempenho.

A intelectualidade sempre foi uma peça-chave de minha personalidade. Cresci admirando os grandes autores, oradores e líderes. Escrever um livro era algo que me acompanhava desde a tenra adolescência, mas era um sonho distante demais.

Aprendi com Emerson Feliciano – a quem desde já agradeço por todas as conversas, o encorajamento e as reflexões ao longo desses anos –, criador do Programa Ser Líder e do Instituto Emerson Feliciano, que quando queremos algo pedimos ao universo e ele logo nos dá as ferramentas para conquistá-lo.

Em 2021, conheci a família Shinyashiki a partir de Roberto Shinyashiki. Logo vieram Rosely Boschini, Eduardo e Daniela Shinyashiki. Essa família foi fundamental para que você pudesse ler este livro.

Durante a pandemia, resolvi investir fortemente em minhas habilidades como palestrante e autor (que ainda não era, oficialmente). Fiz todos os treinamentos e as mentorias de Roberto Shinyashiki. Em um de seus cursos, assisti a uma palestra de Rosely Boschini, presidente da Editora Gente. Ela falava do foco da editora em lançar novos autores. Vi ali uma oportunidade para realizar o sonho de escrever meu primeiro livro.

Participei da Imersão Best-Seller para novos autores da Editora Gente. Levei um ano para fechar um contrato com a editora com vistas a publicar meu primeiro livro. Escrevi a estrutura e o primeiro capítulo. Levei outro ano para escrever o segundo capítulo. Numa das imersões de Roberto Shinyashiki, descobri a razão para postergar tanto a escrita do livro que, afinal, era o primeiro passo para realizar meu sonho. Pude olhar a síndrome de impostor nos olhos.

Com as ferramentas que ganhei nas mentorias UP e Master Speakers do Instituto Gente pude escrever o livro. Eu me sabotava sempre. Em 100% das vezes precisei fazer as meditações sugeridas na mentoria UP para poder escrever. Consegui assim criar o livro que hoje você tem em suas mãos!

Neste ponto quero agradecer a Roberto Shinyashiki, por ter criado o método que me permitiu lutar contra meus sabotadores, e a Jonnas Lima, que liderou a mentoria UP e me ajudou a encontrar o caminho para viabilizar meu contrato com a Editora Gente e depois domar meus algozes internos.

Agradeço também a Rosely Boschini, uma gigante do mundo editorial brasileiro. Pouco tempo atrás, tive a oportunidade de fazer um treinamento de Eduardo Shinyashiki junto com Rosely; estávamos almoçando e perguntei se ela tinha ideia da importância que teria na história de inúmeros autores iniciantes. Ela respondeu humildemente que não sabia.

Rosely, digo a você que Deus te deu uma missão incrível de ser o veículo que permite a inúmeros autores, que talvez nunca publicassem seus livros, trazerem para o mundo suas fagulhas de conexão com o divino. Muito obrigado por se permitir transformar a vida de tantas pessoas por meio dos livros!

Eduardo e Daniela Shinyashiki conheci mais recentemente, em 2023. São seres iluminados! Com eles pude aprender que é possível buscar uma missão grandiosa, desde que ela esteja voltada para contribuir com o crescimento do outro. Obrigado, Edu e Dani!

Agradeço também à minha família. Minha mãe, Dalva, que me ensinou a importância da educação mesmo quando eu não entendia a relevância que ela teria em minha vida. Ela foi e sempre será meu suporte emocional para cada sonho novo que eu queira realizar. A meu pai, que sempre trabalhou de forma obstinada para dar a mim e aos meus irmãos uma vida melhor do que aquela que teve como um jovem negro que saiu aos 16 anos de Alagoas com algum dinheiro no bolso, pouca instrução e uma enorme vontade de vencer. Aos meus irmãos, Reinaldo e Rejany, a quem tanto amo. Ao meu afilhado e sobrinho, Pedro, que é como um filho para mim.

O que dizer de minha filha amada, Ana Vitória? Você é a razão do meu viver! Sou um pai orgulhoso da linda menina que você é! Você é muito mais encantadora do que eu poderia imaginar em meus melhores sonhos, quando você ainda era só um desejo em meu coração. Te amo, filha!

Agradeço à Andrea, mãe de Ana Vitória, com quem fui casado por 15 anos e tenho uma longa história de parceria. Hoje reconfiguramos nossa relação de forma a dar uma criação saudável para nossa filha. Obrigado, Andrea, pelos anos que compartilhamos!

Quero agradecer também à brava equipe da Editora Gente: Audrya, que me guiou no processo editorial deste livro, Camila, Fabrício, Héllen e Julyana Santos, que me apoiaram com seu conhecimento e encorajamento em vários momentos dessa jornada. Vocês foram fundamentais para que eu pudesse tornar real esse sonho e chegar ao leitor desta obra! Obrigado.

Agradeço a Mauricio Benvenutti por ter aceitado escrever o prefácio do livro e me conceder uma entrevista na qual compartilhou sua trajetória como um líder comunicador. Uma honra para mim!

Agradeço também aos profissionais de altíssimo calibre que aceitaram ser entrevistados para os casos deste livro: André Queiroz, Daniel Caputo, Darren Lacroix, Douglas Sidekerskis Lúcio, Fabrício Bloisi, Felipe Sandin e Matt Kinsey. Meu muito obrigado!

Agora preciso agradecer às inúmeras pessoas que tive o prazer de conhecer no Toastmasters. Para você, leitor, que nunca ouviu falar dessa organização: ela foi fundada há 100 anos nos Estados Unidos e está presente no Brasil desde 2014, com a criação do primeiro clube na Dell. O Toastmasters tem por objetivo permitir que seus membros desenvolvam as habilidades de comunicação e liderança. Sei que tenho o risco de não agradecer a todos, e desde já me desculpo.

Começo agradecendo aos meus mentores, que me proporcionaram grandes oportunidades na organização: André Lins de Albuquerque, Edith Barcelos, Maristela Câmara, Matt Kinsey, Roy Ganga e Shirley Daley. Vocês foram fundamentais em minha jornada de membro a diretor-geral do Toastmasters no Brasil.

Agradeço aos companheiros e às companheiras que me apoiaram na fundação do primeiro clube avançado no país, o Toastmasters

Everywhere: Arthur Dias, Camilo Costa, Carlos Acioly, Edith Barcelos, Faisal Lee, Márcia Normann, Matheus Silveira, Maurice Fuller, Roy Ganga, Silvan Roth e William Mccrossen.

Agradeço ao grupo de apoiadores deste livro: Adilson Bonatto, Adnilton Nogueira, Aleteia Melo, Ana Marusia Lima, André Lins de Albuquerque, Angelina Bejgrowicz, Carlos Acioly, Celene Santos, Daniel Caputo, Douglas Lúcio, Eberson Silva, Eva Maciel, Felipe Reis, Giovanna Lima, Isaac Miranda, Janaina Oliveira, Jhenysson Roberto, Joelma Mota, Kleber Paduano, Lidiane Toledo, Luís Eduardo França, Luiz Duque, Marcia Normann, Nayá Ribeiro, Raquel Ilha, Rejane Hoffmann, Renato Silva, Thiago Vial, Valdsnei Topan, Victor Barbosa e Wendel Silva.

Agradeço a todos os voluntários e voluntárias com quem tive o privilégio e a honra de trabalhar organizando as Conferências Nacionais do Toastmasters em 2019, 2022 e 2023, com quem trabalhei nos vários clubes dos quais fui e sou dirigente, com quem trabalhei como diretor de área, crescimento, qualidade e distrito. Muito obrigado! Vocês foram fundamentais em cada iniciativa que realizamos juntos!

Por fim, agradeço a você, leitor ou leitora, pela confiança! Espero que este livro possa contribuir para a sua jornada como uma liderança que busca fazer a diferença no mundo!

SUMÁRIO

Prefácio **15**
Introdução **19**
O mundo precisa de líderes persuasivos e inspiradores 22
    O líder comunicador 25
    Uma peça em três atos: o Método 3E 27
    Caso: Fabrício Bloisi, fundador do iFood e da Movile 30

Capítulo 1:
O líder que não influencia, persuade ou inspira **37**
    Caso: Mauricio Benvenutti, ex-sócio da XP e sócio da StartSe ... 47

Capítulo 2:
O maior medo da humanidade **53**
Quando falar em público é uma questão de saúde 56
    Caso: Pedro Janot, ex-CEO Zara, ex-CEO Azul Linhas Aéreas,
    mentor e palestrante 60

Capítulo 3:
Um espetáculo em três atos: o Método 3E **65**
    Caso: Matt Kinsey, Presidente Mundial do Toastmasters 2022/2023 .. 75

Capítulo 4:
Ato 1 - Estruture a sua história **81**
    Preparação 83
    Objetivo 84
    Público 85

  Coleta de informações 85
Atenção. 87
  O estrondo 88
  Ideia central 91
Necessidade. 93
Conexão 96
  Identificação. 97
  Causa do Problema 101
  Satisfação (Solução) 102
  Visualização (Como) 104
Ação. 107
  Caso: Darren LaCroix, Campeão Mundial de Oratória
  Toasmasters 109

Capítulo 5:
Ato 2 – Elabore a sua mensagem .115
Fórmula PAR. 116
  Ponto (ou Argumento). 117
  Âncora 118
  Reflexão 120
Primeiro, Segundo e Terceiro Pontos. 121
  Storytelling. 123
  Mensagem principal (ponto ou objetivo) 125
  Contexto. 125
  Personagens 125
  Conflito. 126
  Estrutura 127
Dez testes para uma história. 129
Jornada do Herói 130

O que é a "Jornada do Herói"? *131*

Caso: Barack Obama, ex-presidente dos EUA *138*

Capítulo 6:
Ato 3 – Entregue seu conteúdo 151

Preparando-se para apresentar *152*

Crie um conteúdo memorável *154*

Pratique o conteúdo sem se preocupar com a entrega *155*

Incorpore gestos e espace sua prática *158*

Presença de palco *159*

Dicas não verbais *162*

A voz que inspira confiança *166*

Gesticulação *171*

Recursos visuais *175*

O uso de slides *176*

Controle o medo de falar em público *181*

Aprimore-se *184*

Caso: Steve Jobs, fundador da Apple *187*

Capítulo 7:
Torne-se um líder eloquente 197

Caso: André Queiroz (ex-diretor-geral do Toastmasters Brasil) . *199*

Caso: Douglas Lúcio (ex-presidente do Clube Campinas #1) *203*

Caso: Felipe Sandin (ex-diretor de divisão do Toastmasters e campeão de oratória) *206*

Caso: Daniel Caputo (ex-diretor de área e conference chair 2022) .. *210*

Capítulo 8:
Encontre sua voz e seja a mudança no mundo! 219

PREFÁCIO

Conheci o Ricardo em uma das palestras que ministrei – uma mentoria para palestrantes de Roberto Shinyashiki em 2021, ainda durante a pandemia. Lá eu compartilhei como a comunicação foi um elemento de transformação em minha vida profissional. Quando abri a sessão de perguntas e respostas, Ricardo foi o primeiro a me abordar para falar sobre o livro de comunicação e liderança que estava escrevendo, e me fez um convite para ser um dos casos de que gostaria de tratar em sua obra.

Na XP, sempre fui o "Mauricio da XP". E, sendo um dos sócios, isso tinha relevância. Meu telefone tocava sem parar, pessoas me procuravam diariamente, recebia convites para entrevistas e palestras a todo instante. Porém, quando saí da empresa e o "XP" deixou de acompanhar meu nome, as ligações pararam, ninguém mais me procurava e os convites sumiram.

Durante o período em que fui sócio da XP, eu não era uma pessoa de falar em público – não me expressava como me expresso hoje, não tinha essa necessidade muito evidente em minha vida. Ao ser exposto a uma situação em que a XP me apresentou para desenvolver essa competência, eu fui atrás. Usei muito Obama e Steve Jobs como referências.

Ao sair da XP, fiz uma pesquisa com 20 profissionais com quem tinha relacionamento mais próximo: clientes, fornecedores, pares, ex-colegas. Dentre eles, 18 me disseram que a comunicação era minha maior força. Decidi então colocar todas as energias na busca pela perfeição no desenvolvimento dessa habilidade. A comunicação me abriu oportunidades para conhecer aqueles que viriam a ser meus sócios na StartSe, me permitindo trabalhar com várias empresas como clientes. Em meia década, eu deixava de ser o "Mauricio da XP" e me tornava "Mauricio Benvenutti".

Neste livro você encontrará as ferramentas necessárias para fazer a mesma transição que fiz em minha carreira, tendo a comunicação como um elemento central de transformação e podendo, assim, persuadir e inspirar colaboradores, clientes, fornecedores e tantos outros para alcançar os resultados que tanto almeja em sua trajetória como liderança. *Seja o líder que todos querem ouvir* inicia mostrando que o mundo precisa de líderes persuasivos e inspiradores para fazer as transformações necessárias. Em seus primeiros capítulos, retrata um líder com o qual você talvez possa se identificar, que ainda não se comunica da forma que ambiciona para implementar ideias e projetos.

Para permitir que você viva essa transformação e se torne um líder que impacta aqueles que te ouvem, o livro propõe um método robusto em três atos. Todos os líderes, sem exceção, viveram a jornada proposta, e ao percorrer esse caminho você também poderá chegar aonde deseja.

Você verá casos de lideranças conhecidas que também passaram por essa trajetória. Talvez, num dado momento, pense que os casos retratados estão distantes de sua realidade. Para tanto, o livro apresenta o caso de quatro membros do Toastmasters, uma organização voluntária para a prática de oratória e liderança. Essas são pessoas comuns que tiveram suas vidas profundamente impactadas pelo Toastmasters e hoje realizam em sua plenitude o seu potencial como lideranças inspiradoras.

Espero que esse livro possa contribuir para que você realize os sonhos que tem em seu coração e deseja ver materializados no mundo, o que ainda não ocorreu porque você não encontrou sua voz.

Seja bem-vindo(a) a esta jornada inspiradora e transformadora. Mergulhe nesta leitura e saiba que, antes mesmo de terminar este livro, a sua jornada como liderança que torna sonhos realidade já terá começado!

Mauricio Benvenutti
Empreendedor, escritor, palestrante e sócio da StartSe, que oferece cursos, eventos e imersões internacionais voltadas para empreendedorismo e inovação

INTRODUÇÃO

Nasci em Goiânia (GO), em uma família de origem humilde, mas com muita fé no trabalho, na educação e no futuro. Meu pai era comerciante, e sua maneira de ensinar a força do trabalho para os filhos era nos permitir fazer pequenas atividades em seu comércio durante as férias escolares. Em uma atividade comercial, as vendas representam o filé do que se pode fazer. Meu irmão sempre foi mais despachado, e desde criança se dava bem com as pequenas vendas. Eu era muito tímido. Várias vezes, quando chegavam clientes, eu me escondia no estoque da loja, com vergonha de interagir com as pessoas. Nessa época eu tinha entre 8 e 9 anos. Logo eu descobriria que, nas atividades de escritório, eu teria um desempenho bastante superior.

Cresci admirando os grandes oradores. Na primeira vez que falei em público, eu ainda era pré-adolescente. Tinha 11 anos. Sempre fui bom aluno. Era a apresentação de um trabalho de Geografia. Como eu nunca havia feito aquilo, achei que seria fácil. Quando fui chamado, meu coração disparou, minha boca secou. Diante dos meus colegas, esqueci absolutamente tudo e disparei a chorar. Em menos de dois minutos, a professora pediu para eu me sentar e me deu nota oito. Nunca fui tão bem recompensado por um choro em público. ☺

Experimentei meu primeiro fracasso ao falar em público, e naquele momento eu decidi que a timidez não seria uma barreira para o meu crescimento. E, apesar da timidez, passei a nutrir uma vontade de transformar a minha condição.

Em 1990, ainda em Goiânia, fiz meu primeiro curso de oratória. E através dos livros conheci meu primeiro mentor: Reinaldo Polito. Vieram vários outros cursos. Eu queria muito que a timidez parasse de determinar meu desempenho. Durante a graduação na Unicamp, busquei várias oportunidades de me desenvolver como orador e líder. Em 1997, tornei-me presidente da empresa júnior de informática, a Conpec, e aumentaram minhas oportunidades de apresentação em público. Em 1999, eu me formei em Engenharia pela Unicamp e continuei investindo no aprendizado de oratória. Em 2006, tive novo contato com meu primeiro mentor e fui treinado por Reinaldo Polito na arte de falar em público.

Em 2007, iniciei um mestrado em Administração de Empresas no Instituto Coppead, da UFRJ. Em 2008, fui estudar na Universidade da Califórnia (UCLA) para concluir o mestrado nos Estados Unidos, um sonho antigo. Em Los Angeles, pude ver o crescimento e a vitória do fenômeno Barack Obama. Na universidade, eu participava de um clube de oratória. Tive a oportunidade de celebrar esse momento histórico através de um discurso em inglês que falava da importância e do simbolismo daquelas eleições para o mundo. Meus colegas me aplaudiram. Aquele seria um momento de enorme realização.

Em 2014, começaram os primeiros protestos contra a corrupção no Brasil. Eu participei como um líder atuante no movimento "Vem pra Rua" no Rio de Janeiro. Ver o fim da corrupção não somente seria uma motivação, mas também a possibilidade de falar para milhares de pessoas e testar quanto autocontrole eu já tinha desenvolvido depois de anos de treinamento. Em 2016, quando o movimento já tinha uma grande adesão popular, recebi a missão de falar no caminhão de som do "Vem pra Rua". Eu faria um discurso para milhares de pessoas na praia de Copacabana. Estava ansioso e nervoso. Fiz o discurso, mas percebi que poderia melhorar muito.

Em 2017, procurei o Toastmasters International, uma organização norte-americana para a prática da oratória e liderança da qual eu havia ouvido falar durante o intercâmbio do mestrado. No Toastmasters, eu alcancei uma carreira meteórica em cinco anos, indo de membro regular de um dos clubes a diretor-geral da organização no Brasil. Na comunicação, eu alcancei o mais alto nível educacional, o Distinguished Toastmasters (DTM), em dois anos. Fiquei entre os três primeiros brasileiros a alcançar tal distinção.

Em paralelo, busquei novos mentores fora da organização: Roberto Shinyashiki, Craig Valentine e Darren LaCroix, sendo os dois últimos campeões de oratória do Toastmasters nos Estados Unidos. Fiz cursos, busquei o DTM no Toastmasters e mentorias fora da organização, pois queria lidar com duas feridas significativas que explicam a razão de eu ter escrito este livro: a incompetência como orador e o medo de assumir minhas habilidades de liderança. Tornar-me um comunicador competente permitiria que eu me tornasse um profissional melhor, que sabe liderar com propósito, de maneira inspiradora.

Não por acaso, todos os grandes oradores são também grandes líderes, e desde o início dos meus estudos eu almejava essa excelência. Talvez possa parecer um pouco ingênuo, mas hoje, olhando em retrospecto, essas sempre foram as motivações daquele menino de 11 anos que um dia chorou em frente aos colegas ao tentar falar em público pela primeira vez. Toda essa trajetória me permitiu compreender algo que, à primeira vista, parece simples, mas não é óbvio. Liderar não é sobre você ou seu ego, mas sim sobre as necessidades daqueles que te facultam temporariamente a condição de líder.

As pessoas só o colocam nessa condição se virem refletida em você uma necessidade delas. Uma voz que buscará por elas a transformação que almejam.

Em minha caminhada no Toastmasters, a cada objetivo alcançado, foi necessário entender o que era importante para cada pessoa e comunicar melhor o que cada uma delas poderia obter ao trabalhar pela realização dos objetivos da organização.

O MUNDO PRECISA DE LÍDERES PERSUASIVOS E INSPIRADORES

Muitas vezes, pensamos que líderes são seres iluminados e que somente os escolhidos podem ter tal missão. Posso dizer com base no que vivi até aqui e no que aprendi no Toastmasters que a liderança e a fluência na comunicação estão ao alcance de todos.

A liderança não está somente na transformação de um país em uma nação desenvolvida, na criação de uma empresa do zero ou na descoberta de uma vacina para uma doença infecciosa. Está também em atividades cotidianas, como liderar a família, a comunidade da igreja ou mesmo a associação de bairros.

De acordo com Matt Kinsey[1], presidente internacional do Toastmasters: "há muito espelhamento entre comunicação e desenvolvimento de liderança. Os líderes mais eficazes são comunicadores eficazes. [...] Comunicação e liderança são realmente dois lados da mesma moeda. Você realmente não pode separá-los, especialmente para inspirar e motivar as pessoas".

---

1. A entrevista foi concedida ao autor exclusivamente para este livro por Matt Kinsey em 12 de janeiro de 2023.

Os líderes nos mais variados campos da experiência humana compartilham características quando se trata do aspecto comunicação:

1. Eles têm uma visão;
2. Eles têm uma missão;
3. Eles comunicam a visão e a missão para os outros;
4. Eles convencem os outros a agirem.

Líderes bem-sucedidos são persuasivos e inspiradores. Eles usam a fala para organizar as pessoas e incitá-las a alcançar níveis mais altos de realização do que poderiam atingir independentemente. A liderança também está ao seu alcance. Você pode demonstrar liderança comunicando sua visão e missão aos outros e convencendo-os a agir.

Nelson Mandela tinha um ditado que retrata muito bem a importância de um líder e a diferença que ele ou ela pode fazer no mundo: "O que conta na vida não é o mero fato de termos vivido. É a diferença que fizemos na vida dos outros que determinará o significado da vida que levamos".[2] Neste ponto da leitura, deixo a seguinte reflexão: qual diferença você quer fazer no mundo? Vamos agora trabalhar para conhecer o poder e as responsabilidades do líder de sucesso.

---

2. MANDELA, N. "What counts in life is not the mere fact that we have lived. It is what difference we have made to the lives of others that will determine the significance of the life we lead." 90th Birthday celebration of Walter Sisulu, Walter Sisulu Hall, Randburg, Johannesburg, South Africa. **Nelson Mandela Foundation**, 18 maio 2002. Disponível em: https://www.nelsonmandela.org/content/page/selected-quotes. Acesso em: 26 jul. 2023.

Liderar não é sobre você ou seu ego, mas sim sobre as necessidades daqueles que te facultam temporariamente a condição de líder.

O líder comunicador

Líderes de sucesso são excelentes comunicadores por natureza. Eles estão presentes nos mais variados campos da experiência humana: nas empresas, nas associações de classe, nas igrejas, na política, nos sindicatos, nas forças armadas etc. É possível listar inúmeros líderes que foram ou são exímios comunicadores no Brasil e no mundo: Luiza Trajano, fundadora do Magazine Luiza; Juscelino Kubitschek, ex-presidente do Brasil; Silvio Santos, apresentador e fundador do SBT; Steve Jobs, fundador da Apple; Barack Obama, ex-presidente dos Estados Unidos; Nelson Mandela, líder que lutou pelo fim do Apartheid e foi presidente da África do Sul; ou Martin Luther King, ativista que lutou pelos direitos civis nos EUA.

Em sua entrevista,[3] Darren LaCroix, campeão mundial de oratória e treinador de novos campeões, afirmou:

"Grandes líderes são grandes comunicadores. Eles se comunicam com confiança."

Eu não poderia concordar mais. A comunicação de um líder se expressa em vários campos na relação com seus liderados. De acordo com Robert Mai e Alan Akerson, autores do livro *The Leader as Communicator*, quando se trata de comunicação, o líder pode ser colocado como um: criador de significados, contador de histórias, construtor de confiança, definidor de direção, dirigente da transição, agente de ligação, crítico, provocador, defensor da aprendizagem ou treinador da inovação.

---

[3]. A entrevista foi concedida ao autor exclusivamente para este livro por Darren Lacroix em 5 de novembro de 2023.

São inúmeros os papéis que devem ser desempenhados por um líder em sua comunicação com seus liderados. As comunicações podem acontecer na forma de apresentações, reuniões, e-mails, memorandos, cartas abertas, mensagens de texto, entre várias outras. Neste livro tratarei da comunicação de um líder através de suas apresentações orais em público.

Encontramos em diferentes organizações líderes que foram alçados a essa posição, mas que não conseguem persuadir ou inspirar seus liderados para implantar mudanças, criar produtos, transformar suas organizações ou mesmo impactar a sociedade. Eles muitas vezes se sentem perdidos, frustrados e incapazes por não saberem se comunicar adequadamente para provocar a mudança que almejam. Mas qual seria a base de todos esses sentimentos? O medo de falar em público!

Imagine esta situação: Antônio é um recém-promovido gerente de vendas que trabalha em uma multinacional de bens de consumo. Ele é responsável por fazer apresentações para clientes, fornecedores e investidores sobre as qualidades da linha de produtos de sua empresa. Ele vai estrear no palco da convenção anual da empresa e, por mais que tenha tentado se preparar, não sabe bem como apresentar o conteúdo, como convencer os potenciais clientes e fornecedores de que o produto é o ideal para as necessidades deles. Só de pensar em enfrentar uma grande audiência, suas mãos tremem, seu corpo todo fica suado e uma imagem de pânico e fracasso se constrói em sua mente.

É chegada a hora da verdade. Antônio é chamado na convenção para apresentar os resultados de sua área e dizer como vai ajudar a empresa a continuar em uma trajetória de crescimento e como planeja fazer isso. Ele sobe ao palco, gagueja, esquece boa parte daquilo que havia preparado e não consegue entregar a mensagem que planejou. Ele sai daquela apresentação com o amargo gosto da derrota e o peso da dúvida ainda maior por parte de seus subordinados quanto à sua capacidade de liderança.

Caro leitor ou leitora, você já presenciou alguma situação dessas em sua vida profissional ou até mesmo já esteve na pele de Antônio e não soube o que fazer para lidar com esse que é considerado um dos maiores medos da humanidade: falar em público? Se sim, recomendo que continue a leitura deste livro. Mas é fundamental ir até o fim para compreender como é possível mudar essa condição em sua vida. Se você nunca se viu nessa condição, meus parabéns, você é um felizardo! Ainda assim, recomendo a leitura para que possa se sair ainda melhor em suas apresentações.

Uma peça em três atos: o Método 3E

Ao longo de anos estudando técnicas de oratória, ministrando cursos e treinamentos, fazendo palestras, mais recentemente aprofundando o aprendizado no Toastmasters em busca de me tornar um *Distinguished Toastmasters*,[4] e trabalhando com meus mentores, desenvolvi um método que capacita líderes a realizarem apresentações de alto impacto.

Inúmeros oradores se destacaram no mundo empresarial, mas talvez o que mais fez história foi Steve Jobs, cofundador da Apple. Suas apresentações dos novos produtos da empresa eram aguardadas por meses, as pessoas se aglomeravam nos auditórios em São Francisco,

---

4. Para alcançar essa distinção educacional no Toastmasters, é necessário concluir duas trilhas do programa educacional Pathways realizando aproximadamente trinta discursos, ser dirigente de um clube, ser diretor regional ou nacional, apoiar a criação de um clube e realizar um projeto que integre todo o conhecimento adquirido.

nos EUA, para assisti-lo e entravam em êxtase quando ele apresentava novos produtos tais como o iPod, iPad, iPhone ou Mac Air.

Carmine Gallo afirma em seu livro *Faça como Steve Jobs*[5] que a metáfora preferida pelo fundador da Apple para estruturar suas apresentações era "uma peça em três atos", modelo proposto originalmente por Aristóteles ainda na Grécia Antiga. A partir dessas inspirações, estruturei o **Método 3E** em três pilares para que você busque a fluência em sua comunicação como líder.

1. Estruture sua mensagem – Ato 1: você vai estruturar a sua mensagem em torno de uma história que toque a audiência para que possa se conectar com ela e inspirá-la para a ação. Neste Ato composto pelo primeiro "E" de Estrutura será apresentado o esqueleto de sua apresentação.
2. Elabore sua história – Ato 2: você vai encantar a audiência com todo o seu conteúdo. Neste Ato, você vai detalhar os passos de sua solução ou visão.
3. Entregue seu conteúdo – Ato 3: sua palestra estará completa. Você precisará entregá-la para o público. É a vez do último "E" do Método 3E: a Entrega. Esse é o ponto em que o orador se prepara e entrega sua mensagem para a audiência.

Ao aplicar o Método 3E nos três atos, com o tempo você entrega sua mensagem com a maestria dos grandes líderes de alto impacto, trazendo a semente da mudança que você quer ver germinar

---

5. GALLO, C. **Faça como Steve Jobs**. Florianópolis: Lua de Papel, 2010.

no mundo. Nas próximas páginas, vou aprofundar a discussão sobre as habilidades necessárias para o líder comunicador e detalhar o Método 3E para auxiliar nesse processo de desenvolvimento de uma liderança de sucesso.

No fim de todo capítulo, constam materiais extras que preparei para ajudar na caminhada. Indicarei sempre um filme ou uma série e uma palestra TED Talks. Essa será a nossa sessão pipoca. Também trarei um caso de um líder que tenha vivido a transformação que você busca hoje.

Você pode pular esse conteúdo e deixar para ver tudo no final ou conferir a cada capítulo. Qualquer que seja o caso, espero que aproveite esse conteúdo extra que ajudará a acelerar seus resultados.

Boa diversão!

Sessão pipoca

Série: *Suits*

A série *Suits* conta a história de um jovem advogado, Mike Ross, que é treinado por um dos melhores advogados dos Estados Unidos, Harvey Specter. Juntos, eles enfrentam os desafios de trabalhar em um grande escritório de advocacia em Nova York. A prática da liderança e oratória é recorrente e determinante na relação entre as personagens e seu relativo sucesso ao longo da trama.

TED Talks: *How great leaders inspire action,* **Simon Sinek**

O que faz um grande líder? Simon Sinek sugere em seu TED Talk que um líder é alguém que faz os funcionários se sentirem seguros, que atrai os funcionários para um círculo de confiança. Mas criar confiança e segurança – especialmente em uma economia desigual – significa assumir grandes responsabilidades. A apresentação de Sinek é uma das mais assistida na plataforma TED.

Caso: Fabrício Bloisi, fundador do iFood e da Movile

Fabrício Bloisi iniciou no mercado de tecnologia ainda na adolescência. Aos 14 anos, ele já desenvolvia softwares. Em 1998, fundou a Movile, em Campinas, com o plano ambicioso de torná-la global. A empresa atua agora em mais de cem países e é dona de marcas como iFood, PlayKids e Sympla, com faturamento de cerca de 2 bilhões de reais ao ano.

Hoje ele administra 5,5 mil pessoas em uma organização que cresce numa velocidade incrível. Bloisi fala com fluência para grandes públicos de duas a três mil pessoas e faz *lives* com milhares de pessoas na internet.

Em sua entrevista,[6] Fabrício compartilhou rapidamente um dos eventos de planejamento estratégico que realiza periodicamente com sua equipe de líderes. Fabrício entra de forma entusiástica, cumprimentando a todos e distribuindo prêmios. Tudo feito no estilo dos mais populares programas de auditório.

Quem o vê com tanto domínio de palco e da plateia pode imaginar que ele tenha talento inato e que sempre foi assim. Sobre suas habilidades de comunicação e liderança, Fabrício comenta o que as pessoas dizem: "*Mas, Fabrício, você fala bem em público. Você sabe liderar. Comigo não é assim. O que você me sugere?*" A essas perguntas, Fabrício responde: "*A história que eu conto para elas é que originalmente eu falava muito mal em público. Eu passei por uma transformação muito forte nos últimos anos, a ponto de hoje você achar que eu naturalmente sei falar em público, o que não é verdade. Naturalmente, eu não sei falar em público*".

Fabrício de fato não nasceu um exímio comunicador, como ele mesmo reconhece. Conheci Fabrício Bloisi em 1995 durante a graduação em Engenharia de Computação na Unicamp. Na época, ele era aluno do curso de Ciência da Computação.

---

6. A entrevista foi concedida ao autor exclusivamente para este livro por Fabrício Bloisi em 8 de abril de 2022.

Ele sempre foi uma pessoa de fácil trato, muito inteligente, um pouco introvertido e com ambições muito elevadas. Sobre sua ambição, Fabrício compartilhou:

> Quando eu fazia Unicamp, tinha a ideia de criar uma grande empresa, tão grande quanto a Microsoft. [...] Minha percepção é que era necessário que eu me comunicasse muito bem em público para conseguir atingir esse objetivo. Qualquer um que me ouça falando hoje precisa saber: na faculdade, eu era muito ruim.

Em 1997, Bloisi foi diretor comercial da Empresa Júnior de Computação da Unicamp, a Conpec. Ele tinha em sua comunicação o desafio das pessoas muito inteligentes, que pensam numa velocidade superior à que falam: gaguejava bastante ao falar, às vezes falava rápido, às vezes devagar, e nem sempre conseguia comunicar suas ideias com clareza.

Na empresa júnior, ele buscava desenvolver suas habilidades de comunicação e vendas, e melhorar sua comunicação principalmente com o público não técnico de tecnologia. Após esse período, Bloisi deu palestras em um ritmo vertiginoso. Em poucos anos, fez mais de cem palestras. Sobre esse período, ele afirmou: "*As primeiras trinta, quarenta palestras foram ruins. Não foram nem médias. As cinquenta seguintes foram médias. [...] Hoje consigo fazer palestras melhores. Eu tive uma curva de crescimento ao longo de cinco a dez anos*".

Mas quais seriam as razões desse sucesso retumbante? Uma das alavancas do crescimento acelerado do grupo é via fusões e aquisições. Para tanto, é necessária uma importante habilidade de comunicação para levantar recursos presentes nos fundadores. Segundo Fabrício e a imprensa especializada, o iFood e a Movile levantaram centenas de milhões de dólares desde a fundação da empresa. Quando as pessoas dizem a Fabrício que a Movile sabe como levantar recursos, ele afirma:

> Eu lembro claramente que a gente não sabia levantar dinheiro. A primeira reunião que nós tivemos com uma empresa de venture capital foi horrível. [Ao fim da apresentação, disseram:] "Vocês são péssimos, não é o que a gente quer, acabou". Eu me lembro que as vinte apresentações seguintes foram ruins também. Lá pela centésima apresentação nós conseguimos trabalhar melhor, nos comunicar melhor. Eu gosto de contar essa história, pois existe essa percepção de que falar bem em público é uma característica inata.

A pandemia de Covid-19 trouxe enormes desafios para as empresas, as organizações, mas também trouxe enormes oportunidades. Nessa época, o iFood estava posicionado para se tornar um dos líderes mundiais em aplicativos de entrega, motivando até mesmo o UberEats a desistir de concorrer no Brasil. Durante a pandemia, o iFood refinou seu método de impactar seus colaboradores e criou o evento virtual de planejamento estratégico citado no início deste caso. Sua referência foi Luciano Huck. Afinal, se o apresentador global pode ter tanto sucesso ao fazê-lo, por que não o iFood representado através de seu líder máximo?

Por fim, Fabrício fala sobre a importância de contar histórias para liderar sua grande organização:

> Eu conto a história que, desde a faculdade, [eu] queria criar uma grande empresa e pilotar um helicóptero, e as pessoas riam. Quando começamos a falar em pensar grande, isso era pensar grande. Qual é o seu sonho grande? Qual é o seu sonho de helicóptero? O meu sonho era ter uma empresa igual à do Bill Gates.

Ele chegou lá! A meta atual do iFood é alimentar um bilhão de pessoas ao redor do mundo. Você tem alguma dúvida de que Fabrício Bloisi e sua equipe podem alcançar esse grande sonho?

A *liderança* e
a *fluência* na
comunicação estão
ao alcance de todos.

CAPÍTULO 1

O LÍDER QUE NÃO INFLUENCIA, PERSUADE OU INSPIRA

João Pedro é engenheiro de computação e se graduou em uma famosa universidade brasileira. Durante a graduação, esteve entre os melhores, mas sempre carregou consigo os desafios de liderar e falar em público. Como a maior parte das matérias que cursou não demandava exposição pública, ele conseguiu passar ileso pela situação de ter que falar em público e não conseguir. Além disso, fugiu o quanto pôde de atividades extracurriculares ou trabalhos em grupo. Sempre buscou fazer tudo sozinho.

Ao se graduar, participou de vários processos seletivos e foi aceito em uma grande consultoria norte-americana de tecnologia. Em função de seu desempenho notável, em poucos anos foi promovido à função gerencial, na qual passaria a ter status e obrigações que antes não tinha.

João passou a ter carro da empresa, reembolso de despesas elevado, possibilidade constante de viagens e participação em treinamentos no exterior. Por outro lado, precisava fazer apresentações em público e liderar a equipe através de sua fala, que era pouco persuasiva e nada inspiradora. Todas as vezes que precisava fazer uma apresentação para o lançamento de um novo projeto perante a sua equipe e a do cliente, João sofria, suava frio e ficava com as mãos geladas. Seu desempenho ao falar em público era sofrível. Anualmente, sua equipe passava por uma avaliação 360°, e ele tinha que fazer uma apresentação sobre o time perante os diretores. Reiteradas vezes, sua equipe vinha perdendo promoções em função das más apresentações de João.

O desgaste de João Pedro com a equipe era enorme, pois seus subordinados não acreditavam em sua capacidade de liderar. O chefe de João tinha dúvidas de que ele pudesse conduzir a equipe e representar publicamente a empresa. Suas avaliações desde que havia sido promovido foram todas ruins. Para piorar, a empresa tinha uma política de subir ou sair (*up or out*, em inglês),[7] ou seja, em sua avaliação, se ele não fosse recomendado para ser promovido, seria demitido.

Danilo, o sócio da consultoria, chefe de João Pedro, concedeu-lhe uma última oportunidade de acertar. Haveria uma conferência anual com todas as áreas da consultoria e João seria responsável por apresentar as realizações de sua divisão. João se preparou com um mês

---

[7] *Up or out*: política normalmente adotada em empresas de consultoria com estrutura hierárquica piramidal rígida que estimula o crescimento hierárquico dos consultores. Como a estrutura é piramidal, há menos vagas à medida que se sobe. Dessa forma, há uma disputa permanente pelo alto desempenho e principalmente para mostrá-lo a pares e superiores de forma a obter uma promoção no processo seguinte de avaliação anual.

de antecipação. Escreveu sua fala, elaborou slides em PowerPoint, ensaiava sozinho no escritório.

No dia da apresentação, João subiu ao palco e pegou o passador de slides. Era visível o quanto ele tremia. Ele colocou as duas mãos nos bolsos, ficou em posição curvada perante o público e cumprimentou as pessoas de forma tímida. De repente, deu branco, e ele esqueceu tudo o que tinha para dizer. Ficou naquela situação por longos dois minutos, que para ele pareceram dois dias. Até que um subordinado que estava na organização deu uma deixa e ele começou. João gaguejou várias vezes, e quando conseguiu articular as palavras, sua fala era monótona. O constrangimento de todos foi enorme. O tempo de João terminou e ele não conseguiu apresentar nem metade dos projetos. Pior ainda, aquilo que era mais importante para o chefe e a equipe, que seria mostrar a conclusão sobre todos os ganhos que a equipe tinha trazido para a organização, não foi mencionado. Depois desse fiasco, como era de se esperar, João Pedro recebeu uma nova avaliação negativa e foi demitido!

Situação difícil, não? Você consegue se lembrar de alguém que passou por essa situação como líder ou como subordinado?

Você já deve ter ouvido falar ou lido em algum lugar que "o mundo precisa de líderes". Isso é dito em vários campos: negócios, política, religião etc. Se há um ingrediente essencial para o sucesso de qualquer organização ou novo empreendimento, é a liderança.

Mas, afinal, o que é a liderança? Liderança é a capacidade de influenciar outras pessoas para alcançar resultados valiosos. Líderes têm algumas características em comum. Eles são:

- *Emocionalmente maduros.* Líderes se sentem confortáveis consigo mesmos e aceitam as próprias falhas e habilidades. Eles são previsíveis e confiáveis.
- *Independentes.* Líderes são pensadores livres. Eles não têm medo de discordar da maioria. Eles questionam e estão dispostos a mudar políticas e procedimentos.
- *De temperamento forte.* Líderes são determinados. Eles vão superar todos os obstáculos para atingir seus objetivos.
- *Corajosos.* Líderes estão dispostos a correr riscos e não têm medo de falhar.
- *Ambiciosos.* Líderes têm um forte desejo de alcançar e estão dispostos a trabalhar mais e mais duro.
- *Resilientes.* Líderes continuam a ter um bom desempenho, apesar de atrasos, decepções, distrações ou fracassos.
- *Carismáticos.* Líderes capturam a imaginação popular. Eles inspiram.

Os grandes líderes podem ter abordagens muito diferentes, e conduzem as pessoas à sua maneira. A diferença no comportamento de liderança é chamada de estilo.

O estilo de liderança é um padrão de comportamento consistente e distinto por parte de alguém que desempenha esse papel, e é resultado de diversos fatores, entre eles:

- Como você pensa;
- Como você influencia os outros;
- Como você orienta as ações do dia a dia;

↘ Como você emprega a estrutura (regras, políticas e sistemas).

Algo que muitas vezes a mídia nos comunica é que a liderança é um dom divino concedido a poucos felizardos. Ao longo dos anos, pude aprender – e comprovar – que isso não é exatamente verdade. O Toastmasters me mostrou que é possível se desenvolver como líder.

Toastmasters Internacional é uma organização educacional sem fins lucrativos cujo propósito é desenvolver diversas competências, incluindo a comunicação em público e liderança, por meio de uma rede mundial de clubes, nos quais os membros se reúnem periodicamente para praticar sua metodologia e desenvolver as habilidades de comunicação e liderança. Fundada em 1924 nos Estados Unidos, a rede ultrapassa 358 mil membros e 16.800 clubes, em 143 países. No Brasil, a organização foi fundada em 2007 com a abertura de um clube na Dell Brasil. Há atualmente em torno de trinta clubes espalhados em vários estados, com aproximadamente mil membros em todo o país.

Em uma entrevista,[8] Matt Kinsey, presidente internacional do Toastmasters, compartilhou a importância da organização na preparação de líderes em algumas partes do mundo, como, por exemplo, a África:

> Quando você fala com pessoas na África Oriental e pergunta por que elas estão no Toastmasters, elas dizem: "Estamos construindo os líderes de amanhã para a África". Assim, elas conseguiram conectar o que o Toastmasters faz em nível individual a uma missão maior.

---

[8]. A entrevista foi concedida ao autor exclusivamente para este livro por Matt Kinsey em 12 de janeiro de 2023.

Ou nas Bahamas:

> Ao falar com Ed Carey[9] sobre o papel do Toastmasters nas Bahamas, ele me disse que estavam se preparando para se tornarem independentes da Grã-Bretanha quando trouxeram o Toastmasters [para o país]. E eles viram que sua missão era preparar jovens para liderar o país. E os clubes ainda têm essa missão. Um dos membros desse clube é o primeiro-ministro das Bahamas,[10] que era um jovem que havia sido preparado pelo Club 1600.

Os participantes dos clubes Toastmasters formam uma rica diversidade de personalidades, realidades e áreas profissionais. Entre nossos membros temos professores, médicos, engenheiros, advogados, funcionários de empresas, empreendedores e outros tantos perfis. Qualquer pessoa que deseje aprimorar suas habilidades de comunicação e liderança pode se tornar membro de um clube Toastmasters, que podem ser abertos ao público ou corporativos.

Entrei para o Toastmasters em abril de 2017 com o objetivo de desenvolver a comunicação. Não pensava em trabalhar a vertente de liderança. Do ponto de vista da comunicação, é possível se desenvolver no Toastmasters escolhendo uma das onze trilhas educacionais

---

9. O Sr. Ed Carey é cofundador do primeiro clube das Bahamas, o Toastmasters Club 1600, que tem sido uma pedra angular no desenvolvimento de lideranças das Bahamas por décadas. A carta oficial de fundação do clube, emitida em 1º de janeiro de 1969, foi apresentada ao primeiro presidente do clube, Ernest T. Strachan, em abril daquele ano, por Lynden O. Pindling [mais tarde Sir Lynden], que na época era o primeiro-ministro das Bahamas.

10. Philip Edward Davis foi membro do clube Toastmasters 1600 por 40 anos e atualmente é primeiro-ministro das Bahamas.

e realizando os projetos disponíveis em cinco níveis com graus crescentes de dificuldade.

Do ponto de vista da liderança, é possível se desenvolver na organização ocupando uma das sete funções disponíveis como dirigente de um clube, sendo diretor regional (ou diretor de área), diretor de divisão ou diretor nacional (diretor de qualidade, diretor de crescimento e diretor de distrito). Adicionalmente, você pode apoiar a criação de um clube desde a concepção, após a fundação ou ajudar a recuperar clubes em dificuldades atuando como *coach*.

Logo que entrei para a organização, defini para mim mesmo o objetivo de me tornar um Toastmasters com distinção em dois anos. Meta alcançada em março de 2019. Seria o terceiro brasileiro a alcançar a distinção. Para isso, realizei quase cinquenta discursos e apoiei a formação de um clube na UFRJ. Em 2023, eu alcançaria pela segunda vez o grau de Toastmaster com distinção.

Paralelo a essa trajetória na comunicação, ocupei funções como dirigente em clubes, fui diretor de área e fundei o primeiro clube avançado em inglês no país. Esses passos me levaram a ser convidado para organizar e apresentar a Conferência Nacional do Toastmasters em 2019, na cidade de São Paulo. A partir de julho de 2020, eu exerceria gradualmente cada uma das funções como dirigente nacional, até me tornar diretor-geral do Toastmasters, em julho de 2022.

Ao longo dessa trajetória na organização, eu aprenderia na prática do que um líder precisa na comunicação para influenciar pares e superiores, persuadir fornecedores, investidores ou até mesmo concorrentes, além de inspirar os colaboradores a buscarem aquelas metas em que se acredita. Como diretor-geral da organização, dizia, em tom de brincadeira, que nessa função o único instrumento de trabalho é a palavra para inspirar e orientar.

Um líder, além de um bom comunicador, deve ser um bom contador de histórias.

Matt Kinsey, presidente internacional do Toastmasters, retrata assim a importância das histórias:[11]

> Quando você olha especificamente para as histórias no Toastmasters, obviamente a história do Dr. Smedley [fundador do Toastmasters] é muito importante. Ele tentou várias vezes iniciar o Toastmasters antes de realmente a instituição crescer. A reunião em outubro de 1924 não foi sua primeira tentativa, mas a terceira ou quarta. Ele nunca desistiu dessa visão.

Adicionalmente, Matt retrata a importância das histórias dos fundadores do Toastmasters pelo mundo: "Acho que as histórias de pessoas que foram pioneiras em seus países são importantes. As [histórias das] pessoas que trouxeram Toastmasters para o Canadá, para o Brasil, para o México, para as Bahamas, para a China, para a Índia, essas histórias são importantes."

Há vários tipos de histórias que um líder compartilha com aqueles que o seguem. De acordo com Paul Smith, autor de *The 10 Stories Great Leaders Tell*, "todo grande líder é um grande contador de histórias. E a primeira e mais importante parte de ser um grande contador de histórias é saber quais histórias contar."[12]

De acordo com o autor, os dez tipos de histórias mais importantes de serem contadas são:

---

[11]. A entrevista foi concedida ao autor exclusivamente para este livro por Matt Kinsey em 12 de janeiro de 2023.
[12]. SMITH, P. **The 10 Stories Great Leaders Tell**. Illinois: Simple Truths, 2019. p. VII.

1. De onde viemos? – uma história sobre a fundação.
2. Por que não podemos permanecer aqui? – uma história sobre mudança.
3. Para onde vamos? – uma história sobre visão.
4. Como iremos chegar lá? – uma história sobre estratégia.
5. Em que acreditamos? – uma história sobre valores corporativos.
6. A quem servimos? – uma história sobre clientes.
7. O que fazemos por nossos clientes? – uma história sobre vendas.
8. Como nos diferenciamos de nossos competidores? – uma história sobre marketing.
9. Por que lidero da forma como lidero? – uma história sobre filosofia de liderança.
10. Por que você deveria trabalhar aqui? – uma história sobre recrutamento.

Ainda segundo Paul Smith, é importante tratar as ideias na forma de histórias e não de um conjunto de slides, porque as histórias:

- apoiam a tomada de decisão;
- são atemporais;
- são a prova de demografia;
- são mais memoráveis do que simples dados;
- são contagiosas;
- são inspiradoras.

Sessão pipoca

Filme: *Invictus*

Após o fim do Apartheid, o recém-eleito presidente Nelson Mandela lidera uma África do Sul que continua racial e economicamente dividida. Ele acredita que pode unificar a nação através da linguagem universal do esporte. Para isso, Mandela junta forças com Francois Pienaar, capitão do time de rúgbi, promovendo a união dos sul-africanos em favor do time do país na Copa Mundial de Rúgbi de 1995. Ao ver esse filme, você terá a oportunidade de entender a importância do discurso na busca do consenso de um líder consagrado, como foi Mandela.

TED Talk: Sua linguagem corporal molda quem você é ("*Your body language may shape who you are*"), de Amy Cuddy, professora da Harvard Business School[13]

A linguagem corporal afeta a forma como os outros nos veem, mas também pode mudar a forma como nos vemos. A psicóloga social Amy Cuddy argumenta que a "postura de poder" – manter uma postu-

---

[13]. CUDDY, A. Your body language may shape who you are [Vídeo]. **TED**. Disponível em: https://www.ted.com/talks/amy_cuddy_your_body_language_may_shape_who_you_are. Acesso em: 29 nov. 2023.

ra de confiança, mesmo quando não nos sentimos confiantes – pode aumentar os sentimentos de confiança e pode ter um impacto em nossas chances de sucesso.

Caso: Mauricio Benvenutti, ex--sócio da XP e sócio da StartSe

Mauricio Benvenutti, escritor, empreendedor, mentor e palestrante. Depois de ter trabalhado anos no mercado financeiro como sócio da XP Investimentos, uma das maiores instituições financeiras do Brasil, Mauricio fez uma grande mudança em sua carreira. Em seu livro *Desobedeça*,[14] ele se descreve: "Na XP, sempre fui o 'Mauricio da XP'. E sendo um dos sócios, o 'Mauricio da XP' tinha uma relevância. Meu telefone tocava sem parar, pessoas me procuravam diariamente, convites para entrevistas e palestras surgiam a todo instante. Porém, quando saí da empresa e o 'XP' deixou de acompanhar meu nome, as ligações pararam, ninguém mais me procurava e os convites sumiram."

---

14. BENVENUTTI, M. **Desobedeça**: a sua carreira pede mais. São Paulo: Gente, 2021.

A necessidade de Mauricio falar em público surgiu ainda na XP, quando era chamado para tratar das possibilidades que a profissão em que atuava poderia trazer para seus clientes. Segundo Mauricio disse em entrevista:[15] "Eu não era uma pessoa de falar, eu não me expressava como me expresso hoje, eu não tinha essa necessidade muito evidente assim na minha vida, e quando eu fui exposto a uma situação que a XP me apresentou para desenvolver essa competência, eu fui atrás".

Nessa primeira rodada de aprofundamento nas técnicas de comunicação, Mauricio usou Barack Obama e Steve Jobs como referências: "Eu me lembro de que usei muito Obama como referência. Eu pegava os discursos dele, os usava como uma ferramenta de aprendizagem. Foi daí para a frente que eu aprendi a técnica dos três [Atos]. Sempre usar três [referências] numa palestra para enfatizar algo. Depois, com Steve Jobs, eu aprendi muito. Toda apresentação de Steve Jobs tem a regra dos três".

Na transição que viveu ao sair da XP e ir para o Vale do Silício, Mauricio adotou uma abordagem muito inteligente para identificar suas forças como profissional. Ele fez uma pesquisa com vinte profissionais com quem tinha relacionamento mais próximo: clientes, fornecedores, pares, ex-colegas. Desses, dezoito afirmaram que a principal qualidade de Mauricio era sua capacidade de comunicação. Em função desse resultado, ele pensou: *"Agora que o mercado indicou*

---

15. A entrevista foi concedida ao autor exclusivamente para este livro por Maurício Benvenutti em 18 de novembro de 2021.

que eu sou nota 9,5, nota 9,6 em comunicação, vou trabalhar para estar cada vez mais próximo de 10".

Nesse período de profundas reflexões no Vale, um dia ele decidiu que não teria mais sua identidade profissional associada a uma organização. Decidiu que não seria mais o Mauricio da XP, mas sim o Mauricio Benvenutti. Para ter sucesso nessa nova jornada, sua capacidade de se comunicar, persuadir e inspirar – já bastante desenvolvida em sua trajetória anterior pelo mercado financeiro – seria fundamental para que seu sobrenome finalmente se tornasse "Benvenutti". Nesse processo, Mauricio investiria pesadamente em suas habilidades de comunicação e, segundo ele, em seu livro *Desobedeça*, "semanas depois, comecei a produzir conteúdo on-line. Fazia vídeos sobre o que eu aprendia. Falava o que eu dominava. Também me ofereci para palestrar de graça em empresas. Pouco a pouco, aquela simples vontade de fazer algo para as pessoas foi virando prática".

Adicionalmente, Mauricio contratou o ator Jayme Monjardim, da Rede Globo, para prepará-lo de forma a ter uma entrega ainda mais elevada do ponto de vista da comunicação: o poder das pausas, para que as pessoas pudessem refletir sobre o conteúdo, a técnica de se referir a uma pessoa por vez usando "você" ao invés de "vocês", transmitindo assim a sensação de comunicação um a um para a audiência, dentre outras.

Em função desse grande investimento em sua capacidade de comunicação, Mauricio passou a se conectar com pessoas que viriam a ser fundamentais em sua nova caminhada. Entre eles estavam João Evaristo e Junior Borneli, fundadores da StartSe, uma escola de negócios conectada com as necessidades atuais das organizações. Logo ele seria convidado para se tornar sócio daquela empresa ainda pequena, mas que cresceria vertiginosamente.[16]

À medida que trabalhava, desenvolvia-se ainda mais como comunicador, e começou a ser procurado por empresas como Claro, Accor, Banco do Brasil, LATAM, Disney, Itaú, entre outras. Seus líderes e colaboradores queriam ouvi-lo. Chegou a ser chamado pelo poder público para falar com governadores e secretários. Recebeu pedidos de universidades para inspirar a juventude. Mauricio se tornou palestrante do TEDx e acabou recebendo propostas para ser conselheiro de empresas e mentor de empreendedores.

Em meia década, ele transformaria o "Mauricio da XP" em "Mauricio Benvenutti". Ele havia mudado de área e de indústria. Escreveu uma nova história e passou a inspirar empreendedores e inovadores em todo o mundo da tecnologia.

---

16. BENVENUTTI, 2021, cap. 2.

Um líder, além de um bom comunicador, deve ser um bom contador de histórias.

02

CAPÍTULO 2

O MAIOR MEDO DA HUMANIDADE

Em seu livro *Desistir? Nem pensar!*,[17] Roberto Shinyashiki discute as habilidades necessárias para atingir seu próximo nível nas áreas de sua vida. Segundo o autor, para ter sucesso, um profissional deve alavancar suas competências inovadoras. Dentre essas competências está aquela de se tornar um palestrante poderoso.

A partir de sua experiência de décadas como um dos mais bem-sucedidos palestrantes no Brasil, Roberto afirma que "você não precisa ser uma estrela que dê palestras para dezenas de milhares de pessoas, precisa ser uma estrela quando falar para o seu público para conseguir tocar o coração de quem estiver conversando com você".[18] Então por que muitos profissionais, incluindo os líderes, não conseguem chegar lá? A razão é que eles têm medo de falar em público.

Um estudo realizado com mais de três mil ingleses e publicado em 2015 pelo jornal britânico *Sunday Times* revelou o medo de falar em pú-

---

17. SHINYASHIKI, R. **Desistir? Nem pensar!**: o que você precisa fazer para atingir o seu próximo nível. São Paulo: Gente, 2021.
18. SHINYASHIKI, 2021, p. 138.

blico como o maior receio do ser humano (41%), muito maior que o temor de ter problemas financeiros (22%), ficar doente e, inclusive, morrer (19%).[19]

Outra pesquisa da Universidade de Chapman, de 2014, também indicou o medo de falar em público como o mais presente entre os entrevistados, cerca de 25%.[20] Nesse mesmo ano, a organização YouGov America publicou um estudo mostrando que 56% dos entrevistados relataram ter muito ou algum medo de falar em público.[21]

Em seu livro *Como falar em público e influenciar pessoas no mundo dos negócios*,[22] Dale Carnegie descreve uma situação comum para a maioria dos oradores: "Quando me pedem que me levante e fale, sinto-me tão constrangido e tão aterrorizado que não consigo pensar com clareza, não consigo me concentrar, não consigo me lembrar do que pretendia dizer".

Você já passou por essa situação? A maioria já passou por isso! Dale segue fazendo importantes questionamentos: "Haverá alguma remota sombra de razão pela qual você não poderia, em uma posição vertical, raciocinar tão bem, perante um auditório, como faz quando se encontra sentado? Haverá alguma razão para que você sinta um frio na barriga e se torne vítima de 'tremedeira' quando se levanta para falar a um auditório?".

---

19. Estudo publicado originalmente em 7 de outubro de 1973 no jornal londrino *Sunday Times* por Peter Watson em um artigo intitulado: *"What people usually fear"*.
20. CHAPMAN, J. **A 2014 survey by Chapman. Is public speaking fear limiting your career?** Disponível em: www.bbc.com/worklife/article/20170321-is-public-speaking-fear-limiting-your-career#:~:text=A%202014%20survey%20by%20Chapman,in%20front%20of%20a%20crowd. Acesso em: 14 ago. 2023.
21. YOUGOV. **YouGov survey of U.S. adults found they most commonly were very afraid of snakes, heights, public speaking, spiders, and being closed in a small space**. Disponível em: http://joyfulpublicspeaking.blogspot.com/2014/04/yougov-survey-of--us-adults-found-they.html. Acesso em: 28 jul. 2023.
22. CARNEGIE, D. **Como falar em público e influenciar pessoas no mundo dos negócios**. Rio de Janeiro: Record, 2018. cap. 1, p. 15-16.

Todos nós temos medo ao falar em público, independentemente do grau de fluência que você tenha alcançado nessa habilidade. Eu me lembro desde minha primeira vez, aos 11 anos, quando enfrentei minha primeira plateia, até um painel sobre os impactos das parcerias público-privadas que mediei no Fórum PPP Américas do Banco Interamericano de Desenvolvimento em São Paulo. A ansiedade sempre está presente. A diferença é que hoje eu tenho mais ferramentas para lidar com essa sensação.

O professor de comunicações estratégicas da Universidade de Stanford, Matt Abrahams, afirma que "a ansiedade pela comunicação é absolutamente normal".[23] Querer causar uma boa impressão quando falamos em público é natural e nos ajuda a manter o status dentro de nosso grupo.

Historicamente, o status em um grupo nos mantinha ligados à tribo, o que promovia a sobrevivência. Falar em público ameaça nosso status no grupo porque nos colocamos abertos ao escrutínio, conforme observa Anwesha Banerjee, PhD, neurocientista e membra de um clube Toastmasters nos EUA.

Banerjee explica que quando nos sentimos vulneráveis, as partes primitivas do cérebro são ativadas para coordenar a resposta de sobrevivência do corpo ao perigo, que é principalmente o medo. Em sua palestra no TEDx,[24] ela menciona o estudo do biólogo Edward O. Wilson, que afirma que, quanto aos impactos no corpo, falar em público é semelhante a ser encarado por um tigre.

---

23. ABRAHAMS, M. Think Fast, Talk Smart: communication techniques. 2014. Vídeo (58min19s). **Stanford Graduate School of Business**. Disponível em: https://www.youtube.com/watch?v=HAnw168huqA&t=1686s. Acesso em: 28 jul. 2023.

24. BANERJEE, A. Stage Fright: don't get over it, get used to it. 2019. Vídeo (15min45s). **TEDx Talks**. Disponível em: https://www.youtube.com/watch?v=VthbZPxM-do. Acesso em: 28 jul. 2023.

Tive a oportunidade de conhecer pessoalmente Anwesha em agosto de 2022, quando fui à Conferência Mundial do Toastmasters realizada em Nashville, nos Estados Unidos. Apesar de apresentar um TEDx irretocável, ela ainda é uma pessoa introvertida no trato pessoal. Pude vê-la em ação buscando apoio para sua candidatura à diretoria internacional e vê-la vencer, tornando-se uma das mais jovens mulheres a ocuparem essa posição na hierarquia mundial do Toastmasters.

QUANDO FALAR EM PÚBLICO É UMA QUESTÃO DE SAÚDE

Em alguns casos, o medo de falar em público é tão intenso que pode ser considerado uma fobia. Como resultado do medo e dos sintomas físicos de estresse, essas pessoas evitam todas as formas de falar em público ou as suportam com bastante sofrimento. Essa fobia de falar em público é chamada de glossofobia, que pode estar ligada a um evento traumático na vida da pessoa.

A glossofobia não é uma doença perigosa ou condição crônica. É uma fobia social ou transtorno de ansiedade social. É o termo médico para o medo de falar em público. Os transtornos de ansiedade vão além de preocupações ocasionais ou nervosismo. Eles causam medos intensos que são desproporcionais ao que você está vivenciando ou pensando. E afeta até quatro em cada dez americanos.[25] Para as pessoas afetadas por essa condição, falar na frente de um

---

25. BREWER, G. Snakes Top List of Americans' Fears (Public speaking, heights and being closed in small spaces also create fear in many Americans). **Gallup**, 19 mar. 2021. Disponível em: https://news.gallup.com/poll/1891/snakes-top-list-americans-fears.aspx. Acesso em: 28 jul. 2023.

grupo pode desencadear sentimentos de desconforto e ansiedade. Caso você sinta esse nível de medo, será necessário buscar ajuda profissional, algo que está além do escopo deste livro.

Mas se, por outro lado, você sente sintomas desagradáveis, porém contornáveis, ao falar em público, então este livro é para você. Vou apresentar maneiras de lidar com esse desconforto ao falar para um grande público. De acordo com a Toastmasters International, há alguns gatilhos que podem disparar a ansiedade em um orador ao fazer um discurso em público:

- Situações novas e desconhecidas;
- Risco de falha;
- Potencial para parecer bobo;
- Possibilidade de entediar a audiência.

Quando confrontadas com a necessidade de fazer uma apresentação, muitas pessoas experimentam a reação clássica de lutar ou fugir. Essa é a maneira de o corpo se preparar para se defender contra ameaças percebidas. Quando ameaçado, o cérebro solicita a liberação de adrenalina e esteroides. Isso faz aumentar os níveis de açúcar no sangue, ou níveis de energia. E a pressão arterial e frequência cardíaca aumentam, enviando mais fluxo sanguíneo para os músculos.

Os sintomas comuns de luta ou fuga incluem:

- batimento cardíaco acelerado;
- tremores;
- sudorese;
- náusea ou vômito;
- falta de ar;

- tontura;
- tensão muscular;
- desejo de fugir.

Muito estresse ativa seu sistema nervoso simpático (a resposta "lute, fuja, congele"), o que o leva para fora de sua janela de tolerância. Quando fora de sua janela, sua atenção se preocupa com o negativo. Você pode se concentrar no menor dos erros ou interpretar o comportamento dos outros de forma negativa. Como quando pensamos que o bocejo de uma pessoa é uma evidência de que nossa fala é terrivelmente entediante. Perdemos de vista a possibilidade de que o bocejador não tenha dormido bem na noite anterior e não conseguimos voltar a focar nossa atenção nas cinquenta outras faces interessadas na audiência.

Embora o nervosismo moderado de falar em público possa promover o seu desempenho, a ansiedade em excesso pode impedir conexões significativas com o público. Se o público notar seu nervosismo, vai acreditar que você não consegue se concentrar na mensagem e, em vez disso, irá se preocupar com sua capacidade em transmiti-la. Lembre-se: ao falar em público, não é possível agradar a todos. Algumas pessoas vão adorar seu discurso, algumas vão pensar que está tudo bem e outras podem até odiar você.

Em resumo, apesar de o medo de falar em público atrapalhar de maneira importante o desenvolvimento da habilidade de comunicação de líderes em ascensão, caso seu medo não seja algo paralisante é possível tratar com métodos simples, mas que demandam repetição para desenvolver essa importante habilidade da nova liderança.

Sessão pipoca

Filme: *O discurso do rei*

O príncipe Albert, da Inglaterra, ascende ao trono, mas tem um problema de fala. Sabendo que o país precisa que seu marido seja capaz de se comunicar perfeitamente, Elizabeth contrata Lionel Logue, ator e fonoaudiólogo, para ajudá-lo a superar a gagueira. No filme, percebe-se a importância de se expressar bem, e isso nos remete à necessidade de causar impacto em um grupo, algo diretamente advindo de uma boa comunicação.

TEDx Talk: *Stage Fright: Don't Get Over it, Get Used to it*, Dra. Anwesha Banerjee

Você morre de medo de falar em público? Nesse TED Talk, a Dra. Anwesha Banerjee oferece conselhos práticos para lidar com esse temor. Ela diz que, embora seja difícil superar completamente o medo de fazer algo, não é difícil se acostumar com o medo para que ele se torne parte da vida e você pare de prestar atenção nele. O medo do palco não é diferente.

Caso: Pedro Janot, ex-CEO Zara, ex-CEO Azul Linhas Aéreas, mentor e palestrante

Meu primeiro contato com Pedro Janot aconteceu quando entrevistei Mauricio Benvenutti. Durante nossa conversa, ele apontou Pedro como um palestrante de referência que contratam de forma recorrente nos eventos da StartSe, e que seria válido conhecê-lo para o propósito deste livro. Janot tinha uma forte história de liderança, comunicação e superação. Pesquisei e encontrei um personagem marcante.

Em 2011, quando presidia a Azul, Pedro Janot sofreu um acidente a cavalo que o deixou paralisado do pescoço para baixo. Em sua entrevista para a Revista *Veja*,[26] ele descreveu de forma muito lúcida esse momento chave de sua vida:

> Quando o animal fez o movimento de subida, caí com a cabeça no chão após uma crise de hipoglicemia — ou seja, eu teria desmaiado e me acidentado mesmo sem estar no cavalo. [...] Passei os primeiros quatro dias no hospital com os olhos fechados, perguntando-me em que planeta eu

---

26. BRITO, S. Nunca parei de sonhar, diz Pedro Janot, paraplégico após acidente. **Veja**, 16 abr. 2021. Disponível em: https://veja.abril.com.br/brasil/nunca-parei-de-sonhar-diz-pedro-janot-paraplegico-apos-acidente/. Acesso em: 30 jul. 2023.

estava. Aos poucos, comecei a me reconstruir, a reconstruir a relação com a minha família (muito afetada pelas longas horas no trabalho) e com o meu corpo. Recebi apoio e amor incondicionais.

Reinvenção é uma marca constante na carreira desse executivo de 62 anos. Ele começou como comprador da Mesbla, a extinta loja de departamentos, trabalhou no marketing e logística da Lojas Americanas, conduziu uma reestruturação na Richards, foi o primeiro comandante da Zara no Brasil, de 1998 a 2006, teve uma breve passagem pelo Grupo Pão de Açúcar, sendo demitido em 2008. A um questionamento feito pela jornalista da *IstoÉ*[27] sobre como teria sido ser demitido e ir direto para a presidência da Azul, ele responde de maneira provocativa:

> Foi engraçado. Um headhunter me procurou com a seguinte pergunta: "Pedro, você ainda precisa trabalhar?". Eu dei aquela resposta clássica: "Precisar, eu não preciso, mas adoro trabalhar. O que você tem para mim?". Ele disse que um cara "bem diferente" estava querendo montar uma companhia aérea no Brasil e gostaria de me conhecer. Era o David Neeleman. A conversa foi óti-

---

27. MASSON, C. O que faz virar o jogo é o brilho no olho do líder. **IstoÉ Dinheiro**, 6 maio 2021. Disponível em: https://www.istoedinheiro.com.br/o-que-faz-virar-o-jogo-e-o-brilho-no-olho-do-lider/. Acesso em: 30 jul. 2023.

ma e eu vi que o projeto seria factível. As companhias aéreas tinham um baixíssimo nível de serviço e o David me convenceu de que eu aprenderia rápido sobre aviação. A partir daí começou uma grande aliança de trabalho e de amizade.

Na Azul trabalhou intensamente em sua fundação. Com um ritmo intenso de trabalho, sentia-se exaurido e, em novembro de 2011, decidiu ir para seu sítio em Joanópolis, no interior de São Paulo, onde sofreu a queda a cavalo que resultou em uma grave lesão medular que o deixou tetraplégico. Foram 45 dias de internação hospitalar; começou a enxergar um novo horizonte quando percebeu que a "startup da cura" seria a sua próxima.

Em 2012, Janot continuou a trabalhar como CEO na Azul enquanto tentava assimilar a nova realidade. Com dificuldades para acompanhar o ritmo e o *modus operandi* da empresa, teve de deixar o cargo para se dedicar mais ao tratamento de recuperação dos movimentos dos braços e das pernas. Durante o processo, passou a dar palestras de liderança aproveitando-se da habilidade que havia desenvolvido enquanto líder das organizações nas quais trabalhou e se tornou ainda consultor de empresas; durante sua recuperação, também lançou sua biografia, *Maestro de voo: Pedro Janot e Azul – Uma vida em desafios*. Em suas palestras, Pedro começou a falar a respeito de seus conhecimentos sobre gestão, liderança e inovação em eventos por todo o país. Criou a Catavento, uma consultoria voltada para a melhoria de processos no varejo de moda, e se tornou conselheiro de cinco empresas.

Recentemente, Pedro Janot foi eleito um dos nove melhores palestrantes de 2021 pela Profissionais S/A,[28] ao lado de nomes como Bernardinho e Mario Sérgio Cortella. Em entrevista para a Revista *Veja*, ele resume sua perspectiva sobre os desafios da vida da seguinte maneira:

> Pessoas como eu não aceitam as dificuldades da vida. Ao contrário, vão em busca das oportunidades. No fim das contas, escrevi o novo livro para disseminar conhecimento. Quero que a minha história sirva de inspiração e desejo sinceramente que as pessoas sejam mais otimistas, a despeito dos problemas que aparecerem. Em toda a minha vida, eu nunca parei de sonhar e fazer os outros sonharem comigo. Não seria diferente agora.

---

28. BRITO, 2021.

03

CAPÍTULO 3

UM ESPETÁ-CULO EM TRÊS ATOS: O MÉTODO 3E

Ao entrevistar Fabrício Bloisi, fundador do iFood e da Movile, perguntei qual método ele utiliza para suas palestras. Sua primeira reação foi dizer que não tinha um método, mas repensou e explicou que repete um processo a cada apresentação: mentaliza a sensação que gostaria de deixar em sua audiência, pensa nas ideias principais que gostaria de comunicar e faz um ritual de concentração nos cinco minutos que antecedem a subida ao palco. Ao cumprir esse ritual e prática, Fabrício garante o sucesso de suas apresentações. Para ter sucesso em sua comunicação como um líder de alto impacto é preciso ter um método.

Com isso, quero apresentar o Método 3E, que desenvolvi ao longo dos anos estudando oratória e liderança, durante os vários cursos e treinamentos dos quais participei nas várias palestras que ministrei e mais recentemente refinando todo esse conteúdo com base nos métodos de Alain Monroe,[29] Roberto Shinyashiki,[30] Toastmasters,[31] Craig Valentine[32] e de Steve Jobs.[33]

De acordo com o dicionário Houaiss, método é o "modo usado para realizar alguma coisa; processo de pesquisa organizado lógica e sistematicamente; razão ou planificação que determina ou organiza certa atividade; etc."[34] Há inúmeros sentidos possíveis para a palavra, mas todos apontam para um significado no qual o método é uma maneira de estruturar e organizar um processo de forma a alcançar um determinado objetivo. Para você, o método é uma estrutura de apoio para melhorar suas apresentações, tornando-as inspiradoras, persuasivas ou informativas para sua equipe, seus fornecedores, seus superiores ou até mesmo seus investidores.

Em minha vida profissional, acadêmica e pessoal tive oportunidade de ministrar inúmeras palestras. No Toastmasters sou convidado a fazer apresentações não somente em nossos clubes, mas também em empresas em função de nosso objetivo de formar novos comunicadores e líderes.

---

[29] A Sequência Motivada de Monroe é apresentada no Treinamento Avançado de Técnicas de Falar em Público da Escola de Extensão de Harvard. Advanced Public Speaking Techniques. **Harvard Extension School**. Disponível em: https://carc.extension.harvard.edu/academic-webinars/presenting-public-speaking-and-communication/advanced-public-speaking-techniques/. Acesso em: 14 ago. 2023. Há inúmeras referências da Sequência Motivada de Monroe no Youtube. Além da referência de Harvard esta também é bem didática: Monroe's Motivated Sequence, COMMUNICATION STUDIES. Vídeo (16min23s). **Eric Robertson**. Disponível em: https://www.youtube.com/watch?v=NdrJX5b4R-0&t=202s. Acesso em: 30 jul. 2023.

[30] SHINYASHIKI, R. **Os segredos das apresentações poderosas**. São Paulo: Gente, 2012.

[31] TOASTMASTERS INTERNATIONAL. **Competent Leadership**: A Practical Guide to Becoming a Better Leader. Califórnia, 2005.

[32] VALENTINE, C; MEYERSON, M. **World Class Speaking in Action**. New York: Morgan James, 2015.

[33] GALLO, C. **The Presentation Secrets of Steve Jobs**. Mc Graw Hill, 2010.

[34] MÉTODO. *In:* **Dicionário Houaiss**. Rio de Janeiro: Objetiva, 2001.

Vou dar um exemplo de como construí minha palestra "Líder Comunicador", que está diretamente relacionada ao conteúdo deste livro. Como mencionei anteriormente, o Método 3E é composto por: Estrutura, Elaboração e Entrega. Veja:

No primeiro "E", de Estrutura, será apresentado o esqueleto de sua apresentação. A Estrutura é composta por sete elementos: Preparação, Atenção, Necessidade, Conexão (Identificação e Causa), Satisfação, Visualização e Ação. Todas essas fases são parte fundamental para a criação de um discurso sólido e coerente para o seu público.

Antes de iniciar a estrutura de sua apresentação, é necessário preparar o terreno. Assim, tem início a **Preparação**. É preciso definir qual será o seu objetivo: informar, persuadir, inspirar? Ao definir o objetivo, você direciona os esforços de levantar as informações adequadas a serem fornecidas para o público, os subsídios necessários a alcançar como objetivo do líder que comunica.

Dado que você já sabe onde deseja chegar, é preciso identificar seu público. Quem são as pessoas que vão te ouvir? Sua equipe, seus pares em sua organização, seus chefes, seus clientes, os executivos, em uma entidade de classe que você deseja influenciar? Falar para um grupo de executivos pode ser bastante distinto de falar para um grupo de estudantes universitários que você pretende persuadir a trabalhar futuramente em sua empresa.

O próximo passo é a coleta de informações. Você deverá levantar estudos, dados estatísticos, histórias pessoais relevantes para serem inseridas nos momentos adequados. Nesse momento, tudo ainda está um pouco confuso, mas, aos poucos, conforme for percorrendo o método, o quebra-cabeças se montará.

Uma vez definidos o objetivo e o público e coletadas as informações necessárias, você já pode estruturar seu discurso.

Nesse ponto é necessário chamar a **Atenção** do público. Você começa a responder à pergunta que está na cabeça de qualquer pessoa que assiste a uma palestra ou apresentação: "*Por que devo te assistir?*". Para tanto, há inúmeras possibilidades que exploraremos melhor no próximo capítulo.

Decidi começar com um trecho do filme *O discurso do rei*, no qual o rei George VI precisa se dirigir à nação inglesa durante a Segunda Guerra Mundial, e, por ser gago, fracassa retumbantemente! O objetivo é mostrar um líder real que existiu na história e que não conseguia liderar seu povo a partir de sua fala.

A **Necessidade** é o próximo elemento de Estrutura. É preciso identificar o problema que você deseja abordar com sua audiência. No caso de minha palestra, o desafio que o líder possui é o medo de falar em público. Para abordar esse aspecto, faço a "Grande Promessa", uma técnica que aponta para a audiência qual será o ganho dela ao final de sua apresentação. Defino que, no fim dessa apresentação, o público vai conhecer ferramentas para transformar a sua fala em uma comunicação poderosa que lhe permitirá liderar a mudança, podendo assim conduzir seu clube comunitário, sua equipe, seu empreendimento ou mesmo a sociedade através do conteúdo compartilhado na apresentação.

Como passo seguinte temos a **Conexão**, composta por Identificação e Causa. No início da apresentação, o público precisa sentir a dor que o aflige. Para tanto, é necessário que ocorra a **Identificação**. Para que a audiência, normalmente composta de líderes, identifique-se com minha apresentação, faço algumas afirmações, tais como "Talvez você já tenha perdido oportunidades profissionais por não saber falar bem em público"; "Talvez você já deva ter sentido as mãos gelarem ou suarem frio ao ter que falar sobre algum tema de seu domínio para sua equipe ou sua diretoria"; "Talvez você, que hoje é coordenador, gerente ou empreendedor, não esteja conseguindo motivar e inspirar sua equipe". E, assim, ao se conectar com sua audiência, ela estará mais aberta para ser persuadida e influenciada por suas ideias.

Destacar a **Causa** do problema é o elemento a seguir que fará a audiência ver você como uma autoridade no tema de que está falando. Para demonstrar a causa desse medo, demonstro através de dados que muitos líderes são promovidos a essa posição por terem se destacado em funções anteriores, que normalmente eram técnicas e não exigiam ter que falar com o grande público, muito menos inspirar um grupo de pessoas que seriam lideradas por ele. Trago também alguns dados de pesquisas que tratam do tema.

O público neste momento já se pergunta: "Mas, afinal, qual é a solução para esse problema?". Esse é o ponto de apresentar a **Satisfação** ou solução para o problema. Você vai apresentar, nesse momento, o seu método, a sua resolução. Em minha apresentação, aponto e depois descrevo o Método 3E para a persuasão e inspiração de equipes de liderados.

Não basta falar da solução em termos amplos sem detalhar o passo a passo. O passo da **Visualização** é tratado em mais detalhes no segundo E da Elaboração.

O último aspecto a ser abordado ainda dentro do Primeiro "E" é a **Ação**. É necessário fazer uma chamada a ação e motivar sua audiência para dar o próximo passo rumo à mudança que ela deseja ver no mundo, seja através de suas palavras ou através das ações de seus liderados.

Encerro minha apresentação perguntando à audiência: "Quero te dizer que o seu desenvolvimento está em suas mãos e que o Toastmasters é o lugar onde todos os sonhos são possíveis. O mundo é dividido entre aqueles que lideram a vida através de seus sonhos e aqueles que se tornam parte dos sonhos de alguém. Em que grupo você quer estar?". Dessa forma, convoco a audiência a colocar em prática aquilo que aprendeu na palestra ou até mesmo procurar um clube Toastmasters para buscar seu crescimento como orador e líder.

Uma vez concluída a Estrutura, podemos trabalhar no conteúdo da apresentação, começando assim o segundo "E": Elaboração. Nesse momento, as pessoas precisam visualizar como será o futuro a partir do problema resolvido. Em minha apresentação, detalho os passos dentro de cada "E" do Método 3E e respondo à pergunta: quais são as etapas que deverão ser cumpridas pela audiência para que tenha sucesso em suas futuras apresentações e se tornem os líderes que impactam seus liderados? É quando se faz a entrega da "Grande Promessa" realizada no início da apresentação, lembra-se?

Ao apresentar os passos, vou exemplificando como cada líder poderá estar se sentindo nesse momento ao ver que sua equipe pode realizar grandes objetivos, que seus investidores decidem aportar novos investimentos na empresa nascente ou que os diretores daquela organização aceitam lançar uma nova linha de produtos no mercado.

As histórias são a ferramenta de comunicação que mais engajam com qualquer ser humano. Por milhares de anos, gerações analfabetas transmitiram seus valores e sua cultura de geração para geração, e eles permaneceram intactos. Há algo de mágico na estrutura de uma história, que faz com que, ao ser elaborada, possa ser absorvida e recuperada pela pessoa que a recebe.

Basicamente, uma história provoca uma reação física: o coração pode acelerar, os olhos podem dilatar, podemos dizer: "Fiquei arrepiado", ou: "Que frio na barriga!". Reagimos fisicamente quando alguém nos conta uma história. Embora o palco seja o mesmo, uma história e uma apresentação são completamente diferentes. Ao detalhar o seu método, você poderá adicionar histórias que ilustrem seu ponto de vista.

Em minha apresentação, neste ponto conto brevemente como foi minha jornada com a timidez da juventude, como fui me desenvolvendo nos vários cursos de oratória dos quais participei, dos mentores que encontrei em minha jornada, sobre quando falei a respeito da eleição do Presidente Obama para estudantes do curso de Administração de Empresas na Universidade da Califórnia, nos EUA, quando falei para milhares de pessoas na Praia de Copacabana nas grandes manifestações contra a corrupção e, por fim, sobre o impacto que o Toastmasters teve em meu desenvolvimento como palestrante. Feito isso, a sua palestra estará completa e você precisa entregá-la para o público. Agora é a vez do último "E" do Método 3E: a Entrega. Esse é o momento com cinco grandes passos: Preparação para a Apresentação, Presença de Palco, Recursos Visuais, Controle do Medo de Falar em Público e Aprimoramento. Esses passos são importantes porque influenciam diretamente a forma como a audiência receberá a mensagem.

Depois que concluir o discurso, ele estará escrito no formato de um longo texto. Mas ainda assim não está pronto para que eu me prepare. Utilizo um método de percorrer o texto e colocar palavras-chave em pequenas fichas de papel. Quando concluo a primeira rodada desse processo, faço uma leitura em voz alta para verificar se estou dentro do tempo que terei. Depois, vou fazer novas interações, escrevendo novas fichas com cada vez menos palavras-chave, até que no fim do processo eu tenha somente uma ficha com os principais pontos da apresentação. Todo esse processo, eu faço sozinho, de preferência em uma sala fechada sem grandes interferências. Na

> Há algo de mágico
> na estrutura de
> uma história, que
> faz com que, ao ser
> elaborada, possa
> ser absorvida
> e recuperada
> pela pessoa
> que a recebe.

seção "Preparando-se para apresentar" do capítulo 6, trago em mais detalhes esse método.

Durante minha preparação observo também os aspectos principais de Presença de Palco, tais como ferramentas ligadas ao tom ou variedade vocal, gesticulação, movimentação em palco e conversa com a audiência. Simulo esses aspectos inicialmente sozinho e depois faço treinos em clubes Toastmasters apresentando para audiências de vinte pessoas, que normalmente é o público de um clube.

Durante os anos de pandemia, pratiquei através de ferramentas on-line como o Zoom. Anteriormente, as práticas eram presenciais. Aos poucos, os clubes Toastmasters no Brasil estão voltando a ter reuniões presenciais. Logo, os clubes em sua maioria terão reuniões presenciais.

Dependendo do tema que se vá abordar, é necessário utilizar slides ou não. Os slides devem ser utilizados somente se ajudarem a esclarecer pontos importantes de sua mensagem para a audiência. Lembre-se de que os slides não devem ser uma muleta para você, mas sim algo que ajude seu público a entendê-lo melhor. Em minha apresentação utilizo muitas imagens e vou conduzindo o público pelos vários passos sobre como atua um líder comunicador.

Algo importante é controlar o medo de falar em público. Mesmo depois de vários anos de prática, quando uma audiência é complemente nova, eu ainda sinto um frio na barriga. Dizem que mesmo os oradores mais experientes nunca perdem esse medo. O que muda é que dura poucos segundos depois que você inicia a apresentação.

Com os treinos que faço nos clubes Toastmasters, fico bastante seguro do conteúdo, e quando apresento para plateias externas estou muito confiante de que terei um impacto importante com meu material. Recomendo a você que pratique diante do espelho, faça cursos de oratória ou até mesmo utilize essa estratégia de se juntar ao Toastmasters e praticar em seus vários clubes espalhados pelo Brasil.

Por fim, o aprimoramento contínuo é fundamental para que você possa entregar sua mensagem de forma eficaz e produzir os resultados que deseja como uma liderança persuasiva e inspiradora.

Agora que você já tem uma ideia geral sobre como funciona o Método 3E, nos próximos capítulos vamos ver os detalhes de cada etapa. Não se preocupe se a princípio você teve uma sensação de complexidade. Ao percorrer os passos, você verá que o método é mais simples do que parece. Vamos trabalhar juntos nos próximos três capítulos!

Sessão pipoca

Filme: *Sociedade dos poetas mortos*

O novo professor de inglês John Keating é introduzido a uma escola preparatória masculina guiada por quatro grandes princípios: tradição, honra, disciplina e excelência. Com a ajuda de Keating, os alunos aprendem como não serem tão tímidos, seguirem seus sonhos e aproveitarem cada dia.

TEDx Talk: A estrutura secreta de grandes discursos ("*The secret structure of great talks*"), Nancy Duarte

Desde o discurso "Eu tenho um sonho" até o lançamento do iPhone de Steve Jobs, muitas grandes palestras têm uma estrutura comum e um método que ajudam sua mensagem a ressoar com os ouvintes. Na palestra TED Talk, Nancy Duarte, especialista em design de apresentações e diretora da Duarte Design, compartilha lições práticas sobre como fazer uma poderosa chamada à ação.

Caso: Matt Kinsey, Presidente Mundial do Toastmasters 2022/2023

Em 2014, Matt Kinsey concorreu a diretor internacional no Toastmasters e perdeu. Matt, presidente internacional 2022/2023, cargo mais elevado da organização, viu naquele acontecimento uma das melhores oportunidades de aprendizado que teria em sua carreira. O Toastmasters e suas experiências profissionais o levaram a ajustar seu estilo de liderança. Matt afirma: "Havia lições que eu precisava aprender, e a única coisa que colocaria isso em foco foi quando se tornou um obstáculo para mim. Eu estava tendo sucesso, apesar de alguns desses pontos cegos que eu tinha. Se você está indo bem, não tende a refletir tanto. Eu precisava desse tempo".[35]

Um dos pontos cegos que Kinsey enfrentou foi entender a liderança conduzida pelo sentimento *versus* a liderança conduzida pela racionalidade.

No início da carreira, Matt trabalhou no varejo, e pôde aprender uma lição importante sobre liderança. Na ocasião, ele teve a oportunidade de gerenciar uma loja do comércio varejista em Houston, no Texas (EUA). A loja vinha perdendo dinheiro todos os meses, com um nível de atendimento muito ruim entregue ao cliente. Depois de seis meses de sua atuação, a loja passou a ter um desempenho melhor. As vendas aumentaram quase 250%, passando de uma perda de US$ 24.000 por mês para um lucro de US$ 50.000 por mês.

Matt disse o que sentiu na ocasião: "Eu me senti ótimo. Eu senti como se tivesse realmente realizado algo significativo... e eu tinha. Depois disso, meu gerente regional me disse que eu estava indo muito bem — com metade do meu trabalho. Mas que eu estava indo mal na outra metade".[36]

O gerente de Matt estava retratando a diferença entre liderança conduzida pela racionalidade, em que você foca nos resultados, e liderança conduzida pelo sentimento, na qual

---

[35]. MISHKIND, L. Meet Matt Kinsey, DTM. **Toasmasters**, set. 2022. Disponível em: https://www.toastmasters.org/magazine/magazine-issues/2022/sept/meet-matt-kinsey. Acesso em: 31 jul. 2023.

[36]. KINSEY, M. Leading from the Heart and the Head. **Toasmasters**, set. 2022. Disponível em: https://www.toastmasters.org/magazine/magazine--issues/2022/sept/viewpoint . Acesso em: 31 jul. 2023.

você foca nos relacionamentos e no bem-estar da equipe. Matt liderava usando a racionalidade enquanto o gerente cobrava também a liderança com sentimento. E foi aí que tudo mudou em seu método de liderar.

Já em 2014, ao ser derrotado na eleição para diretor internacional, Matt buscou novamente compreender o que aconteceu. Para entender esse processo, ele conversou com muitos líderes e ex-presidentes internacionais do Toastmasters e contratou um *coach* profissional de carreira para entender o que estava inibindo seu sucesso. A resposta foi unânime: todos sentiam que ele estava focado em resultados, e não em relacionamentos e pessoas. E mais uma vez foi esse feedback que mudou a maneira de Matt ver sua jornada.

Em sua entrevista, Matt afirmou sobre liderar com o coração: "As pessoas precisam sentir a conexão do coração. Verem que nem tudo foi fácil, mas que também foi difícil. Eu tinha dúvidas. Eu falhei. Eu fiz progressos. Eu aprendi com isso. E finalmente consegui. Porque é isso que dá esperança às pessoas de que podem mudar sua situação".[37]

A princípio, falar em público não era um grande desafio para Matt Kinsey, pois ao longo de seu período escolar ele participou de competições de debate, fez palestras e atuou como ministro em sua prática religiosa. Ele não se sentia nervoso para falar em público. Mas uma questão importante que surge é: por que, então, Matt teria se juntado ao Toastmasters?

---

37. KINSEY, 2022.

Foi um desafio para mim, porque eu era muito bom em descobrir tudo o que alguém havia feito de errado e era bom em receber [comentários sobre] tudo o que havia feito de errado. Eu não era bom em receber elogios e não era bom em compartilhar elogios. Eu sabia que precisava melhorar nisso. Foi por isso que entrei e aproveitei todas as chances que tive.[38]

Kinsey diz que sua capacidade de avaliar os outros com eficácia melhorou ao longo de seus quase vinte anos como Toastmaster. Ele ganhou o título educacional de Distinguished Toastmaster (DTM) cinco vezes, foi membro de sete clubes e fundou um com a esposa, Jeanine Kinsey, enquanto fundava sua empresa.

Em 2007, Kinsey deixou seu emprego em uma grande empresa e constituiu uma empresa que é provedora de serviços gerenciados por Tecnologia da Informação. "Essencialmente, éramos o departamento de TI de nossos clientes", explica ele. Agora ele atua como diretor administrativo e diretor de segurança da informação e a empresa gerencia por volta de quinhentas estações de trabalho de clientes.

Ao se concentrar em liderar com o coração ou com sentimento e fazer conexões, em vez de apenas buscar resultados, Matt observou que a percepção das pessoas sobre ele

---

38. MISHKIND, 2022.

melhorou. Ele concorreu a Diretor Internacional novamente em 2016 e, após dois anos de autorreflexão, treinamento e ajustes, venceu.

Olhando para trás, Kinsey acredita que a experiência de não ter sido eleito em 2014 acabou tornando-o um Diretor Internacional mais eficaz. Hoje ele entende que sua jornada foi exatamente o que precisava ser para lhe dar tempo para crescer. Matt afirma que hoje ele se sente preparado para atuar como Presidente Internacional do Toastmasters.

Quando o entrevistei,[39] ficou visível como Matt se equilibra entre muitos talentos e interesses. Não é de surpreender que ele tenha planejado continuar desenvolvendo-se durante seu mandato. "Vou continuar buscando feedback para garantir que continue crescendo e me desafiando", diz ele. Como presidente internacional de 2022 a 2023, ele buscou dar o exemplo para que os outros também se desafiassem. "É meu trabalho ajudá-los ao longo do caminho", afirma Matt.

---

39. A entrevista foi concedida ao autor exclusivamente para este livro por Matt Kinsey em 12 de janeiro de 2023.

04

CAPÍTULO 4

ATO 1 – ESTRUTURE A SUA HISTÓRIA

Este capítulo apresenta o Primeiro Ato do Método 3E. Nele aponto o caminho para começar a estruturar apresentações poderosas.

Vimos no capítulo anterior que o primeiro "E" do método se refere à Estrutura com a qual será construído o esqueleto de sua apresentação. A Estrutura é composta por sete elementos: Preparação, Atenção, Necessidade (Problema), Conexão (Identificação e Causa), Satisfação (Solução), Visualização (Como/Método) e Ação. Essa estrutura se aplica tanto a discursos persuasivos quanto inspiradores.

Algumas pessoas usam os termos "persuasão" e "inspiração" de forma intercambiável, e outras confundem "inspiração" com "carisma". A verdade é que inspiração é muito diferente de persuasão, e fazer um discurso inspirador envolve muito mais do que exalar carisma. A inspiração envolve a elaboração e entrega de argumentos do coração. Persuasão é sobre os argumentos da mente.

O discurso persuasivo é um processo de identificar e satisfazer às necessidades da audiência quando o objetivo é motivar os ouvintes a comprarem uma ideia ou a apoiarem. Persuasão pode ser definida como o processo de convencer outras pessoas a concordar com uma determinada perspectiva. Segundo Dan O'Hair, Hannah Rubenstein e Rob Stewart, oradores persuasivos se utilizam de dois componentes inter-relacionados – lógica e emoção – para construir um argumento forte:

> Discursos persuasivos são construídos sobre argumentos – posições declaradas, com apoio, a favor ou contra uma ideia ou questão. Apelar à razão e à lógica é importante para obter um acordo para sua posição. [...] Para realmente persuadir os ouvintes a se importarem com seu argumento, você também deve apelar para suas emoções. Sentimentos como orgulho, amor, raiva, vergonha e medo estão subjacentes a muitas de nossas ações e nos motivam a pensar e sentir como fazemos.[40]

Considerando que diferentes pessoas acham diferentes tipos de argumentos convincentes, você deve incluir argumentos lógicos e emocionais. Certamente pode usar fatos e números para explicar a razão de sua posição fazer sentido, mas também deve usar imagens e histórias para ilustrar por que isso realmente importa.

Em última análise, a chave para elaborar um discurso persuasivo poderoso é desenvolver a mentalidade de um vendedor. Seu objetivo é convencer o maior número possível de membros do seu público a "comprar" o que você está vendendo, seja um produto ou uma ideia. Você pode motivar os membros do seu público a assinar na linha

---

40. O'HAIR, D.; RUBENSTEIN, H.; STEWART, R. **A Pocket Guide to Public Speaking**. 3 ed. Boston: Bedford/St. Martin's, 2010. p. 23-24.

pontilhada, identificando um problema restrito, explorando uma solução potencial e introduzindo uma ação específica.

De outra forma, a inspiração é definida como o processo de elevar a visão e o espírito das pessoas e capacitá-las a alcançar objetivos desafiadores ou irracionais. Discursos inspiradores "tocam em sentimentos profundos na plateia. Por meio da força emocional, eles nos impelem a motivos mais puros e esforços mais duros e nos lembram de um bem comum".[41]

Como líder, muitas vezes você terá que motivar os membros do seu público a alcançar algo grande – algo que parece fora de alcance. Seu trabalho é eliminar "não posso", "não consigo" e "não vou" do vocabulário deles e empurrá-los para ir mais longe do que jamais pensaram ser possível. Em *The Leadership Challenge*, James Kouzes e Barry Posner explicam a importância de ideais e sonhos para palestrantes inspiradores mobilizarem a audiência: "As visões são sobre ideais – esperanças, sonhos e aspirações. Elas são sobre nosso forte desejo de alcançar algo grande. São ambiciosas. São expressões de otimismo".[42] Líderes inspiradores não falam apenas sobre sua visão; eles fazem o público acreditar que sua visão é alcançável e guiam o público a uma jornada inspiradora, mantendo esperança, fazendo o impossível parecer possível e acreditando em sua mensagem.

Preparação

Alcançar grandes feitos como líder requer uma preparação adequada, que só acontece a partir de um planejamento daquilo que se

---

41. O'HAIR; RUBENSTEIN; STEWART, 2010, p. 222.
42. KOUSES, J.; POSNER, B. **The Leadership Challenge**. 4 ed. San Francisco: Jossey-Bass, 2007. p. 133.

deseja realizar como liderança. A mesma abordagem é válida para a construção do discurso. Ao se planejar, um objetivo é determinado e a forma de atingi-lo, desenhada.

Há muitos líderes que também são palestrantes. Se esses líderes são eficazes em motivar seus liderados, eles vão segui-lo; caso contrário, ele pode até receber aplausos logo após uma apresentação, mas a motivação de seus liderados e a força de sua mensagem se perderá em algumas poucas horas.

Steve Jobs, quando apresentava novos produtos, trazia sempre uma mensagem inovadora de inspiração sobre como os produtos da Apple podiam mudar a forma de se fazer as coisas. Foi assim com o telefone celular (iPhone), com a forma de consumir músicas (iTunes), com a forma de nos relacionar com os computadores pessoais (Macintosh) e os tablets (iPad).

A preparação de uma apresentação se desdobra em três componentes: definir um objetivo, estabelecer seu público e coletar as informações necessárias para impactar sua audiência. Veremos em detalhes cada um desses elementos nas próximas seções.

Objetivo

Em seu livro *Os 7 hábitos das pessoas altamente eficazes*, Stephen Covey aponta que, para alcançarmos feitos importantes na vida é necessário sempre começar com um objetivo em mente. Neste sentido, a etapa de Preparação se alinha com a visão de Covey. Definir um objetivo é o primeiro elemento dessa jornada.

Qual é seu objetivo com sua apresentação? A maioria dos discursos se encaixa em um de quatro propósitos gerais: informar, persuadir, entreter ou inspirar. Cada um desses discursos possui uma abordagem distinta ao ser estruturado. Para definir seu objetivo, é importante se fazer a pergunta: "De que forma eu quero influenciar minha audiência?".

Na prática, toda apresentação é uma forma de venda. Você pode considerar que sempre buscará vender uma ideia, uma causa, um projeto, um produto ou um serviço. Estamos sempre vendendo, e para todas as opções o líder deve preparar seu discurso.

Público

O próximo elemento da preparação é definir seu público. É necessário se fazer a pergunta: "Qual é o meu público?". Fazer uma apresentação para expor as novas metas do ano para sua equipe de forma a motivá-la é completamente diferente de mostrar como sua empresa trabalha com produtos e serviços inovadores para motivar jovens universitários a participarem do programa de *trainees* de sua organização.

Para definir seu público, você poderá avaliar faixa etária, nível de escolaridade, gênero, temas de interesse, entre outros. Ao fazer essa categorização, você poderá modular sua mensagem de forma a comunicar de uma maneira mais eficaz com a audiência escolhida.

Coleta de informações

Por fim, mas não menos importante, vem a etapa de coleta de informações. Dado que você já sabe seu tema, seu público e qual o objetivo que tem com relação a eles, poderá pesquisar informações que irão subsidiar seus argumentos nas estruturas que veremos mais adiante neste livro.

Líderes inspiradores não falam apenas sobre sua visão; eles fazem o público acreditar que sua visão é alcançável e guiam o público a uma jornada inspiradora.

Fontes primárias de pesquisa como Google, livros, artigos, anotações pessoais, cursos realizados são fundamentais nesse processo de coleta de dados e conteúdo para o seu trabalho. Até mesmo a famosa Wikipedia, que nada mais é do que uma enciclopédia construída coletivamente, pode servir como base para uma pesquisa inicial, já que pode apontar fontes mais "quentes" de informação, como autores e obras para serem aprofundadas. É importante ressaltar: a Wikipedia nunca deve ser sua fonte principal de informação, use-a como um ponto de partida para entender o básico sobre o tema.

Uma vez que você definiu seu objetivo, público e coletou as informações necessárias, você já poderá partir para a estruturação do seu discurso.

ATENÇÃO

Qual é a primeira coisa que lhe vem à mente quando você começa a assistir uma palestra ou ouvir uma liderança importante falando sobre um tema de seu interesse? Muito provavelmente você deve se questionar: "Por que vou ouvir essa pessoa? O que ela pode me oferecer nesse momento?". Se seu palestrante ou líder for alguém consagrado, você já deve ter respondido a essa pergunta em algum momento do passado. Caso contrário, com certeza essa pergunta virá nas mais diversas formas em sua mente. Preste atenção da próxima vez que for assistir a uma palestra e ouça a si mesmo!

O autor Nicholas Boothman, em seu livro *Como convencer alguém em 90 segundos*, trata da importância do seu contato inicial com uma pessoa quando afirma que "nos primeiros instantes de qualquer reunião, você se conecta com os instintos e a essência da pessoa, com suas respostas intrínsecas. Nos primeiros segundos, o nosso instinto de sobrevivência subconsciente reage e a nossa mente e corpo decidem se fogem, combatem ou interagem; se essa pessoa representa oportunidade ou ameaça, se é amiga ou inimiga".[43]

Há dois elementos-chave que devem ser utilizados para obter a atenção do público nos primeiros instantes da apresentação: o estrondo e a ideia central. Vejamos o que eles representam.

O estrondo

Para conseguir atrair a atenção da audiência já nos primeiros 90 segundos, é necessário começar de forma vigorosa. Você deve começar com um estrondo e evitar as gentilezas desagradáveis.[44] Alguns exemplos de tais gentilezas seriam:

- "Eu realmente gostaria de agradecer a todos por me aceitarem hoje aqui. É maravilhoso estar na presença de pessoas incríveis e dedicadas a...";
- "Que grande dia para estar aqui com vocês. Obrigado, Fulano e Beltrano, por tornar isto possível...";
- "Caros membros, convidados e visitantes, obrigado pela oportunidade...".

Segundo o autor, essas gentilezas são formas fracas de iniciar uma apresentação e são todas muito ultrapassadas. Se você buscar

---

43. BOOTHMAN, N. **Como convencer alguém em 90 segundos**: crie uma primeira impressão vendedora. Tradução de Mayara Fortin e Renato D'Almeida. São Paulo: Universo dos Livros, 2012. p. 9.
44. VALENTINE, C.; MEYERSON, M. **World Class Speaking in Action**. New York: Morgan James, 2015. p. 31. Tradução livre do inglês: *"unpleasant pleasantries"*.

na memória, provavelmente vai sentir algum estranhamento, pois já ouviu vários apresentadores iniciarem dessa forma. O caso aqui é que as pessoas já estão acostumadas com essas formas de abertura e esperam por elas. Utilizá-las significa fazer mais do mesmo.

Mas se essa não é a melhor forma de abrir uma apresentação, o que seria mais adequado para capturar a atenção da audiência? Nesse ponto, entra o estrondo. O impacto de sua entrada deve ser como se entrasse "metendo o pé na porta", ganhando o público nos primeiros segundos. Há inúmeras possibilidades de fazer isso, e as principais são:

- **Comece diretamente contando uma história.** Iniciar contando uma história pega sua audiência desprevenida e faz com que ela embarque mais rapidamente em sua narrativa. Nós, seres humanos, fomos talhados ao longo de nossa evolução a aprender ouvindo histórias, por isso elas são tão poderosas para capturar a atenção. Se você tem dúvidas, na próxima vez que estiver em uma roda de amigos, faça um teste e fale: "Pessoal, quero contar uma história..." Você vai notar que as pessoas ficarão em silêncio automaticamente e prestarão atenção em você.

- **Faça uma pergunta poderosa.** Essas são as perguntas retóricas, ou seja, aquelas perguntas para as quais você não espera resposta. Se decidir começar dessa forma, dê alguns segundos para que sua audiência reflita, se fizer a pergunta e continuar falando, o tiro pode sair pela culatra. As pessoas poderão se sentir atropeladas. Por exemplo, se você estiver falando do lançamento de um novo produto em sua área, poderia perguntar: "Vocês já pensaram em como esse nosso novo produto se liga com seus sonhos?". Se a audiência tentar responder mentalmente a essa pergunta: bingo! Você conseguiu capturar a atenção das pessoas.

↘ **Faça uma afirmação surpreendente.** Fale algo que a plateia não espere ouvir de você. Quando fiz intercâmbio na UCLA e participava do clube de oratória, fui chamado para fazer minha participação no dia seguinte à vitória de Barack Obama. Os temas não eram predefinidos, mas eu imaginei que fôssemos falar daquele momento histórico vivido em 2008. Estava preparado para falar de história americana, esperança, renovação e sobre minha admiração pela cultura norte-americana. Nada disso aconteceu, e o tema era: "Fale sobre sua experiência profissional". Naquele dia, comecei da seguinte forma: "Sou engenheiro por formação, trabalho na área de tecnologia da informação, mas, sinceramente, nada disso é importante e muito menos minha experiência profissional. O que é importante é que a esperança renasce hoje neste país!" As pessoas não esperavam que eu falasse daquela forma sobre minha trajetória, e no fim de minha apresentação me deram a melhor avaliação que recebi naquele clube de oratória. Variações dessa abordagem seriam: fazer citações provocantes, mencionar uma estatística assombrosa ou citar uma manchete chocante.

↘ **Não diga nada.** É exatamente isso. Fique em frente à audiência calado por alguns segundos, olhando fundo nos olhos de todos. Nossos professores primários eram mestres nessa técnica quando a sala de aula estava um caos. Puxe pela memória e você vai concordar comigo. Você já parou para pensar o que quase todos os oradores ou apresentadores fazem logo que são apresentados? Disparam a falar, e se não têm fluência já começam ali a perder sua audiência. Ao ficar calado por alguns segundos, encarando as pessoas, elas ficarão incomodadas e pararão o que estiverem fazendo, esperando que você fale algo. Isso acontece também quando um orador está muito nervoso e tem um branco. As pessoas ficam ansiosas esperando por alguma palavra. Se você fizer isso propositalmente, verá o quanto consegue capturar a atenção de todos nos seus primeiros momentos. Barack Obama é um dos líderes vivos que mais se valem desse recurso retórico ao se dirigir às suas audiências.

Ideia central

Ainda com o propósito de capturar a atenção de sua audiência, é necessário que você expresse qual é a ideia central de sua apresentação. Roberto Shinyashiki diz que "é uma ideia especial que você cria para tornar sua palestra excepcional. É o fio condutor das suas ideias, com o objetivo de provocar uma reação no seu público e fazer com que ele queira saber mais sobre o que vai falar".[45]

---

45. SHINYASHIKI, 2012, p. 93.

Craig Valentine trata a ideia central como a grande promessa. Para ele, essa é a principal frase de um discurso e a base de uma apresentação: "A grande promessa é a frase mais importante do discurso, pois define a razão pela qual sua audiência deve ouvir o restante do discurso. Normalmente deve vir após a sua abertura e levar a audiência ao corpo do discurso".[46]

Em 19 de novembro de 1863, Abraham Lincoln[47] profere o seu mais famoso discurso, que acontece quatro meses depois da vitória na Batalha de Gettysburg, decisiva para o resultado da Guerra de Secessão na qual os cidadãos de norte e sul dos Estados Unidos lutaram entre si.

Lincoln expressaria através daquele discurso a importância dos valores democráticos para a constituição da sociedade americana em plena Guerra Civil, o conflito mais violento do século XIX. Só na Batalha de Gettysburg, as baixas superaram cinquenta mil soldados.[48]

Esse é o discurso cujo trecho se tornaria célebre quando se trata do assunto democracia: "[...] que esta nação, com a bênção de Deus, tenha um novo nascimento da liberdade – e que o governo do povo, pelo povo, para o povo, não desapareça da face da Terra".[49]

A principal mensagem do discurso de Gettysburg é que valeria a pena morrer pelos ideais e que caberia aos vivos continuar o traba-

---

46. VALENTINE; MEYERSON, 2015, p. 35.
47. Abraham Lincoln foi um político norte-americano que serviu como o 16° presidente dos Estados Unidos, posto que ocupou de 4 de março de 1861 até seu assassinato em 15 de abril de 1865. Lincoln liderou o país de forma bem-sucedida durante sua maior crise interna, a Guerra Civil Americana, também conhecida como Guerra de Secessão, preservando a integridade territorial do país, abolindo a escravidão e fortalecendo o governo nacional.
48. VILLA, M. A. **História em Discursos**: 50 discursos que mudaram o Brasil e o Mundo. São Paulo: Planeta do Brasil, 2018. p. 111.
49. GOODWIN, D. K. Lincoln. Rio de Janeiro: Record, 2015. p. 246-247.

lho daqueles que morreram para proteger os próprios. Os ideais de igualdade e liberdade constituiriam, assim, a base dos Estados Unidos como nação.

Esse célebre exemplo retrata a importância da ideia central ou da grande promessa de um discurso. Ligado a ela sempre haverá um problema a ser resolvido ou uma necessidade a ser atendida, que é o assunto da próxima seção.

NECESSIDADE

Uma vez criada a ideia principal, você precisa capturar novamente a atenção do público. O principal elemento que fará com que ele se interesse por sua apresentação é resolver um problema, mostrar como aproveitar uma oportunidade ou superar um desafio.

Acredito que tratar um problema é a abordagem que mais engaja as pessoas, pois elas se conectam com tratar a angústia que as aflige mais diretamente. Dessa forma, o primeiro passo no processo de persuasão ou inspiração é determinar qual problema você deseja resolver. O que você deseja mudar com sua liderança? Você pode falar sobre o que quiser desde que seja um assunto de interesse para sua comunidade.

Mudar a mentalidade das pessoas é difícil. Os ouvintes acham que já têm uma visão racional sobre o assunto, qualquer que seja essa visão. Sua tarefa é fornecer a evidência necessária para persuadi-los a reconsiderar. Você precisa conquistar o interesse de seus ouvintes, ajudá-los a assimilar as novas informações ao seu conhecimento existente e guiá-los na formação de novas crenças. Quanto mais ajuda você puder fornecer no processo, mais sucesso terá em persuadir seus ouvintes.

Depois de identificar um problema, você deve determinar qual aspecto do problema deseja abordar. Não tente consertar o mundo inteiro em um único discurso. Escolha um componente e se concentre nele. Se possível, seja mais específico no problema que deseja tratar. Digamos que você esteja preocupado em proteger o meio ambiente e, para tanto, pretenda implementar as práticas ESG[50] em sua organização. Embora você possa sentir fortemente que esta questão é importante, os membros da diretoria de sua empresa não necessariamente se sentirão da mesma maneira. É por isso que você deve enquadrar a questão como um problema e mostrar a eles que há algo errado ou injusto acontecendo no mundo, e que eles podem ajudar a corrigir.

Uma vez identificado o problema que você deseja abordar, você deve estar se perguntando: "Como sei que esse problema é relevante para o meu público?". Algumas perguntas devem ser respondidas nesse momento:

- Há muitas pessoas angustiadas com esse problema?
- Elas estão procurando soluções para esse problema?
- As pessoas estão gastando dinheiro para tentar resolver esse problema?
- Você tem um método para resolver esse problema?

Se as respostas para essas quatro perguntas forem afirmativas, você terá altas chances de estar no caminho certo ao escolher o problema para ser abordado.

---

50. O acrônimo **ESG**, do inglês *Environmental, Social and Governance*, refere-se a uma grande tendência nas organizações frente aos desafios climáticos e sociais da sociedade contemporânea.

Quanto mais ajuda você puder fornecer no processo, mais sucesso terá em persuadir seus ouvintes.

Em resumo, sempre que fizer um discurso persuasivo ou inspirador, lembre-se de enquadrar sua questão como um problema. Em seguida, restrinja o problema o máximo possível e personalize sua mensagem para o público.

CONEXÃO

Você já sabe a importância da credibilidade em qualquer diálogo. Em um discurso persuasivo ou inspirador, ela é ainda mais crucial. Se os ouvintes não reconhecerem você como confiável, você terá dificuldades em persuadi-los a adotar seu ponto de vista ou a tomar uma atitude. Dois outros fatores também têm uma grande influência na audiência:

- **Lógica**. Para convencer sua audiência, você precisa fornecer evidências – fontes externas que indiquem provas ou apoiem sua posição. A pesquisa é muito importante nesse requisito. Suas evidências e seu raciocínio devem ser consistentes e apoiar sua posição.
- **Emoção**. Poucas pessoas são persuadidas somente pela lógica. As emoções contribuem em grande parte para a predisposição das pessoas a mudarem de ideia. Evocar emoções como felicidade, tristeza, medo, raiva, culpa e amor nos ouvintes e relacioná-las ao seu assunto é uma ferramenta eficaz.

Para se conectar com seu público, há dois elementos centrais: identificação e causa do problema. Tratarei em mais detalhes desses assuntos nas próximas seções.

Identificação

Seu público precisa se identificar com o problema que você aponta. Ao se identificar, a pessoa vai automaticamente se conectar com você. Sabe quando você assiste a uma apresentação e tem a impressão de que o orador está falando para você, parece que leu seus pensamentos? Pois é, esse efeito acontece em função da identificação que você tem com algo que está sendo dito por ele naquele momento.

É necessário que as pessoas se enxerguem no seu discurso, que sintam que aquilo pode acontecer no dia a dia de cada um. Você pode conseguir isso descrevendo alguma situação pela qual sua audiência passe, contando histórias, dando exemplos, apontando evidências de que o problema apontado é significativo na vida delas. Ao descrever com detalhes o cenário, as pessoas ficarão com a sensação de que está falando para elas. A escolha das palavras é importante nesse caso. Elas devem vir da descrição do problema feita por sua audiência.

Esse é o momento em que profissionais de diferentes tipos de organizações, de diferentes áreas, mas que compartilham o desafio de terem assumido posições de liderança e ainda não terem domínio das técnicas de apresentação em público se veem representados. Esse é o momento em que o medo que elas possuem é ressaltado em suas mentes.

A palavra central a ser utilizada na fase de identificação é **você**. Ao utilizá-la, você fará com que cada pessoa de seu público se veja representada naquela *persona* que descreverá e reforçará quem é a pessoa mais importante para cada uma delas, elas mesmas. Essa é a principal abordagem a ser utilizada em discursos persuasivos.

Para discursos inspiradores, há outras abordagens possíveis. Steven Cohen estabelece em seu livro "Lições do Pódio" que elas podem ser divididas em três categorias.[51]

↘ **Mantenha a esperança**. Uma maneira poderosa de inspirar os membros do seu público é manter a esperança. Você pode criar uma sensação de possibilidade discutindo abertamente a situação atual e fornecendo razões específicas que os membros do público devem apresentar.

Comece reconhecendo a situação atual, mas sem se debruçar nos detalhes. Volte-se rapidamente para as razões pelas quais as pessoas devem manter a esperança. Mas não caia na tentação de pedir aos membros da sua audiência que confiem em você porque você tem muita experiência em situações desafiadoras ou porque elaborou um plano eficaz. Simon Sinek traz de forma irônica em sua famosa apresentação TED Talk: "A propósito, o Dr. King [Martin Luther King] fez um discurso 'Eu tenho um sonho', e não 'Eu tenho um plano'".[52]

Certifique-se de oferecer razões específicas pelas quais os membros do seu público devam continuar trabalhando ou lutando. Dados e informações bem embasados são bases mais sólidas que um "confie em mim".

---

51. COHEN, S. D. **Lessons from the Podium**. Solana Beach: Cognella Press, 2011.
52. Ver TED Talks da Introdução.

↘ **Faça o impossível parecer possível**. Outra maneira de inspirar sua audiência é fazer o impossível parecer possível – fazer algo realmente difícil parecer muito mais atingível.

A primeira técnica que você pode usar para fazer o impossível parecer possível é discutir histórias de sucesso – momentos de conquista na história de uma nação ou organização que os membros da audiência conheçam ou lembrem. Falar sobre esses momentos poderosos fará com que o público pense: *Se fizemos isso antes, podemos fazer de novo*.

Uma segunda técnica que você pode usar para fazer o impossível parecer possível é dividir seu objetivo em etapas. Em essência, você deseja delinear as etapas específicas que seu público pode seguir para se aproximar do objetivo.

Um clássico exemplo é do então Senador Barack Obama, quando ele perde as primárias presidenciais de 2008. Ele não admitiu a derrota e encerrou sua campanha. Ele percebeu que sua jornada era improvável, que parecia quase impossível para um negro se tornar presidente dos Estados Unidos. Mas ele fez o público sentir que a mudança era possível ao fazer referência a conquistas históricas significativas. Veja um trecho de seu discurso:

> Pois quando enfrentamos probabilidades impossíveis, quando nos dizem que não estamos prontos ou que não devemos tentar ou que não podemos, gerações de americanos responderam com um credo simples que resume

o espírito de um povo: Sim, podemos. Sim, nós podemos. Sim, nós podemos.

Foi o chamado dos trabalhadores que se organizaram, das mulheres que buscaram o voto, de um presidente que escolheu a lua como nossa nova fronteira e de um rei que nos levou ao topo da montanha e apontou o caminho para a terra prometida: Sim, podemos, à justiça e à igualdade. Sim, podemos, para oportunidade e prosperidade. Sim nós podemos curar essa nação. Sim, podemos consertar este mundo. Sim, nós podemos.[53]

A frase "Sim, nós podemos", que serviu como assinatura desse discurso, tornou-se o lema de sua vitória e um fenômeno cultural. Obama venceria as eleições de 2008 e se tornaria o primeiro presidente negro dos Estados Unidos.

Oradores inspiradores não acreditam na impossibilidade. Eles fazem com que o público sinta que o êxito é possível, discutindo histórias de sucesso e dividindo a meta em etapas lógicas.

> **Acredite em sua mensagem**. A maneira mais poderosa de inspirar os membros de seu público é mostrar a eles que você está profundamente comprometido com um propósito específico. Você não pode apenas falar sobre possibilidade e esperança e manter distância. Você deve se abrir e compartilhar o que tem em seu coração. Você deve mergulhar em sua mensagem sen-

---

[53]. BARACK Obama's New Hampshire Primary Speech. **The New York Times**, 8 jan. 2008. Disponível em: https://www.nytimes.com/2008/01/08/us/politics/08text-obama.html. Acesso em: 1 ago. 2023.

tindo, não apenas dizendo, suas palavras e compartilhando suas verdadeiras emoções com seu público. Quando você acredita em sua mensagem, naturalmente exala paixão. Seus liderados sentirão essa paixão. Vão se sentir mais próximos e conectados a você. Oradores inspiradores motivam seu público a agir, demonstrando que estão profundamente comprometidos com um objetivo específico. Eles não falam sobre esperança e possibilidade à distância.

Causa do Problema

Nessa etapa, você deve apontar para a sua audiência, que sabe as razões do problema que está sofrendo. Apontar as causas é uma forma de aumentar a identificação com o público e construir autoridade. Esse é o momento de apelar para a lógica trazendo dados, estatísticas e outros números que possam reforçar o ponto que você está buscando estabelecer.

Em minha apresentação sobre líderes comunicadores, aponto que o problema para que os líderes não consigam se comunicar de forma persuasiva e inspiradora se relaciona com o fato de que muitos têm medo de falar em público.

Mas qual é a causa disso? Muitos líderes são promovidos a essa posição por terem se destacado em suas funções anteriores que normalmente eram técnicas e nas quais eles não tinham que falar com o grande público, muito menos inspirar um grupo de pessoas que seriam lideradas por ele.

Ao descrever as causas de um problema, você demonstra domínio do conteúdo que está apresentando, ao apresentar dados, mostra que tem uma base teórica que corrobora sua preocupação. Isso traz a todos o sentimento de que há controle para uma dor profunda que até ali parecia algo incontrolável.

Em 2017, fiz um transplante de córnea no olho esquerdo por causa de uma doença congênita chamada ceratocone. Estava muito inseguro quanto a fazer o procedimento. Ao consultar um médico com bastante experiência, ele me explicou com mais detalhes as razões de eu ter ceratocone, a evolução da doença e os desdobramentos de uma eventual cirurgia, e isso me trouxe uma sensação de confiança no processo. O mesmo acontece com a sua audiência. Apontando as causas do problema, você obtém esse efeito.

Quando você conhece a dor de seu público e aponta as causas, a próxima pergunta que ele te fará, ainda que mentalmente, é: "Mas, então, qual é a solução?". É o que veremos a seguir.

Satisfação (Solução)

Apresente uma solução para a necessidade ou o problema, mostrando como ela atende à necessidade ou resolve a questão.

Nesse ponto, você deve estar se perguntando sobre como fazê-lo. Você compraria um remédio se não estivesse doente? Provavelmente não. As soluções só fazem sentido no contexto do problema que elas resolvem. Ao definir e então apontar o problema, a solução, quando apresentada, se torna altamente atrativa. Automaticamente, ela fará sentido. Seu apelo e valor se tornarão evidentes. E, como resultado, as pessoas vão desejar a solução.

As soluções devem resolver de fato o problema, oferecendo alívio, demonstrando o que as pessoas estão procurando saber, estimulando a ação no sentido de resolver o problema, entregando um resultado. De forma geral, as pessoas não querem ideias, elas buscam soluções. Se, no fim de sua apresentação, você não apontar uma solução para o problema que as aflige, elas ficarão frustradas e não se engajarão em seu propósito.

Peter Andrei, no livro *The Eloquent Leader*,[54] propõe um conjunto de perguntas para encontrar a solução para um problema que você identificou:

- Qual é o maior problema que meu público terá resolvido com minha proposta?
- Que emoções esse problema gera em minha audiência?
- Como posso enfatizar esse problema?
- Qual é a minha solução?
- Como meu público se sentirá ao utilizar a solução que proponho?
- Como funciona essa solução?

A última pergunta está intrinsecamente ligada ao método que você vai propor. O método é um desdobramento da solução proposta. A pergunta que o seu público fará, ainda que mentalmente, após você apresentar a sua solução é: "Ok, mas o que tenho que fazer agora para implementar essa proposta?". Quando as pessoas se fizerem essa pergunta, você deve estar pronto para apresentar uma solução desdobrada em passos lógicos e didáticos que as façam compreender como materializar sua proposta.

Nesse ponto, você descreveu uma solução para seu público. Eles já se perguntaram como materializar a sua solução. Na

---

[54]. ANDREI, P. **The Eloquent Leader**: 10 steps to communication that propels you forward. Peter Andrei, 2020. p. 60.

etapa de Visualização, você vai responder a essa questão de sua audiência.

Visualização (Como)

Uma vez que a solução para o problema foi apontada, é necessário pintar uma imagem das condições futuras, intensificando o comprometimento da audiência com sua posição. Mostre como as coisas serão caso sua solução seja adotada e o que pode acontecer se ela for rejeitada. Ao descrever esse futuro, sua audiência vai visualizá-lo e se perguntar como implementar a solução.

Esse "como" pressupõe a construção mental de uma "estrada" entre o problema e a solução. Se você der uma volta nas livrarias, verá que há inúmeros livros e matérias em revistas que tratam disso. Veja alguns exemplos de livros à venda na Amazon:

- *Os cinco passos para encontrar o seu propósito e ser feliz;*
- *Quatro passos para o poder pessoal;*
- *Como falar em público e influenciar pessoas no mundo dos negócios;*
- *Como fazer amigos e influenciar pessoas;*
- *Como chegar ao sim.*

Tenho um exemplo pessoal que pode ilustrar esse processo. Há alguns anos descobri que tinha fascite plantar no pé direito. Aquilo me causava muita dor, principalmente de manhã, quando eu punha o pé no chão. Em 2015, quando completei 40 anos, decidi que percorreria a versão francesa do Caminho de Santiago de Compostela.

Inicialmente, eu planejava fazer o trajeto de bicicleta, em função dessa minha condição. Eu acreditava que seria impossível todo o percurso a pé.

Minha inflamação no pé não dava trégua. Fui a vários médicos, sem resultado. Até que encontrei um jovem médico em uma clínica do Leblon, no Rio de Janeiro, que me receitou um método simples com três passos: adotar uma palmilha, usar gelo e alongar os pés ao caminhar. Ao praticar repetidas vezes esse método, reduzi de forma significativa a inflamação na fáscia plantar e percorri, a pé, os 800 quilômetros do Caminho de Santiago em 2016, sem sentir dores plantares nenhuma vez!

Se você verificar em todos os livros e revistas que apontam métodos para resolver um problema, verá que eles têm um conjunto de três a cinco passos. Por que isso funciona? Ao se identificar com um problema e ter uma solução proposta, as pessoas querem uma "receita de bolo" que lhes permita trabalhar para eliminar aquela "dor" que as acomete sem correr o risco de testar caminhos.

Para apresentar cada passo do seu método, você deve utilizar a Fórmula PAR (Ponto, Âncora, Reflexão), que mostra que você deve estabelecer o ponto de cada passo do método, ilustrando-o com uma âncora e fazendo sua audiência refletir sobre o tema proposto.

Nesse capítulo, o mais importante é você saber que nessa etapa vai aplicar a fórmula PAR e terá a contação de história, ou *storytelling*, em inglês, como ferramenta-chave para detalhar seu método. Se você deseja que seu público tenha uma experiência incrível de conexão e não somente assista a uma apresentação, a aplicação da fórmula PAR é o caminho.

O próximo capítulo explorará com maior profundidade o método de Visualização e o uso da fórmula PAR.

Oradores inspiradores não acreditam na impossibilidade. Eles fazem com que o público sinta que o êxito é possível.

AÇÃO

Por fim, é chegada a hora da ação. Sua audiência está cativada, entendeu o problema, a solução, os passos a serem implementados. Mas todo plano sem ação não passa de um sonho. É fundamental motivar a audiência a agir de alguma forma. Você deve transformar o acordo e comprometimento obtido em ação positiva ou atitude de seus ouvintes.

Crie motivação para que as pessoas queiram aplicar sua solução. O que se convencionou chamar no inglês de "*call to action*", ou "chamada para ação", em português. É uma mensagem que motiva as pessoas a fazerem aquilo que você deseja como líder. Assim, você deve incentivar as pessoas a implementar a política proposta. Nesse ponto, já não se fala mais de problemas ou de fatos lógicos e racionais, é o momento da emoção e da atitude.

Roberto Shinyashiki[55] indica que, nesse momento, há três estratégias que você deve aplicar para motivar a tomada de ação:

> **Estimular a autoconfiança**. Inspire as pessoas a confiarem em si próprias, pois quando elas estão desanimadas, a tendência será se entusiasmarem com suas ideias, mas não agirem. Mostre que elas merecem ser mais felizes e mostre os benefícios de elas fazerem como você indica e o resultados que vão conquistar.
>
> **Inspirar para a superação**. Muitas vezes, quando a pessoa escuta uma apresentação, ela mantém uma atitu-

---

[55]. SHINYASHIKI, 2012, p. 104-107.

de de indiferença porque está cansada de ter batalhado muito sem sucesso. Você pode mostrar que sabe que ela já está lutando há muito tempo sem êxito, mas que ainda pode perseverar e conseguir o que quer.

↘ **Motivar para a ação**. Depois de inspirar as pessoas a confiarem em si mesmas e a mobilizar sua energia de superação, essa é a hora de motivá-las para a ação. Para tanto, você precisará dar uma ordem para que o cérebro dela busque fazer o que é preciso.

Sempre conclua suas apresentações em clima de celebração, esse é um momento alto-astral. O final da palestra deve trazer uma mensagem de sabedoria, mostrando que a vida vai além do problema específico que a pessoa está enfrentando. Termine em um tom emocional, com a energia em alta. Assim, você verá sua audiência muito motivada para implementar em sua organização tudo aquilo que a sua visão como líder enxerga.

Sessão pipoca

Filme: *Obrigado por fumar*
Como porta-voz das grandes empresas de cigarros, Nick Naylor ganha a vida defendendo os direitos dos fumantes. Mas ele começa a questionar seu papel como pai à medida que seu filho se mostra interessado por sua profissão. Nesse filme, é possível re-

fletir sobre a força da oratória, que pode ser usada tanto para o bem quanto para o mal.

TED Talk: O segredo TED para ser um ótimo orador ("*TED's secret to great public speaking*"), Chris Anderson

Não existe uma fórmula única para uma boa palestra, mas existe um ingrediente secreto que todos os melhores palestrantes têm em comum. O curador do TED, Chris Anderson, compartilha em sua apresentação esse segredo – juntamente com quatro maneiras de fazê-lo funcionar para você.

Caso: Darren LaCroix, Campeão Mundial de Oratória Toastmasters[56]

Quando criança, Darren sonhava em fazer as pessoas rirem, mas ele era tímido, quieto e nada engraçado. Ele se sentia invisível no ensino médio. Ele foi atrás do sonho mais razoá-

---

[56]. MEET Darren. **Darren LaCroix**. Disponível em: https://darrenlacroix.com/meet-darren/. Acesso em: 2 ago. 2023.

vel. Seu novo sonho era ter seu próprio negócio. Seu primeiro negócio foi à falência em 1992.

Na década de 1990, após um devastador fracasso comercial, Darren LaCroix foi forçado a voltar a morar com os pais e conseguir um segundo emprego para pagar suas dívidas. Como empregado de uma pequena empresa, seu sonho não era um dia dirigir aquela empresa, mas fazer as pessoas rirem. Mas ele tinha um grande problema: ele não era engraçado. De jeito nenhum.

Em 1992, Darren estava ouvindo uma fita cassete enquanto dirigia, quando ouviu Brian Tracy[57] perguntar: "O que você ousaria sonhar se tivesse certeza de que não iria fracassar?". Darren pensou: "Eu faria as pessoas rirem!".

Uma pergunta que o levou de volta ao seu primeiro sonho.

Sem nada a perder, ele foi para o tudo ou nada. Na entrevista[58] que realizei com Darren, ele me disse que ouviu de seus mentores: "Vá até as pessoas onde você quer estar". Ele decidiu que falaria com um comediante. Entrou para um clube de comédia. Em uma ocasião, ele se aproximou do humorista mais aplaudido da noite e lhe disse: "Olá! Meu nome é Darren e quero tentar a comédia. O que eu preciso fazer?" O comediante perguntou a Darren: "Você é engraçado?", Darren

---

[57] Brian Tracy é um importante palestrante motivacional canadense-americano e autor de inúmeros livros de autodesenvolvimento. Ele é o autor de mais de oitenta livros que foram traduzidos para dezenas de idiomas, inclusive o português. Fonte: www.briantracy.com.

[58] A entrevista foi concedida ao autor exclusivamente para este livro por Darren LaCroix em 5 de novembro de 2023.

respondeu: "Não", então o comediante lhe disse: "Vá às noites de microfone aberto e observe outros amadores. [...] Inspire-se neles, aprenda com eles, faça perguntas, mas não se compare a eles".

Darren continuou em sua jornada de buscar aconselhamento e perguntou a todos os comediantes de Boston o que fazer para se tornar um deles. Todos diziam que ele precisava de tempo de palco. Ele acreditava que precisava ser bom para subir em um palco, mas descobriu que na verdade era o contrário, que tinha que ter tempo de palco para ficar bom.

Certa noite, depois de uma negociação fracassada, Darren LaCroix seguiu o conselho de seus mentores e resolveu subir ao palco do clube de comédia de Boston pela primeira vez e fracassou enormemente.[59] O apresentador daquela noite sugeriu a ele que mantivesse seu trabalho regular. Amigos disseram a ele que seu sonho de ganhar a vida fazendo as pessoas rirem era insano. Ele não deu ouvidos para seus detratores.

Determinado a escapar daquela vida que não queria, Darren se recusou a aceitar a derrota e usou todo aquele sentimento de humilhação, rejeição e fracasso como combustível para perseguir seu sonho.

Por um ano e meio ele buscou as noites de microfones abertos para praticar. E em uma dessas noites ouviu falar do Toastmasters.

---

[59]. É possível assistir essa apresentação de Darren Lacroix em "His First Time on Stage", disponível em: https://darrenlacroix.com/meet-darren/

Participou de quatro clubes de uma só vez, pois encontrou no grupo um ambiente seguro no qual poderia aprender por tentativa e erro. Ele sempre seria aplaudido, independentemente de seu resultado. No início isso seria importante para construir sua autoestima como comunicador. Darren viu assim o Toastmasters:

"O Toastmasters para mim foi uma virada de jogo. Ele me deu um lugar para errar."

Sem talento para ser engraçado, ele se comprometeu com o único hábito em que seus mentores insistiram: "Nunca diminua o seu tempo de palco". Ele não só não diminuiu como, na verdade, dirigia por duas horas e meia todas as semanas a distância de 180 quilômetros entre Boston e Portland para subir ao palco por cinco minutos, sem ganhar um centavo por isso. Depois, ele dirigia de volta para trabalhar na manhã seguinte. Todo esse esforço apontou uma nova direção: tornar-se um palestrante profissional.

Em 2001, sua paciência e perseverança valeram a pena. Darren LaCroix superou 25 mil competidores de catorze países para se tornar o Campeão Mundial de Oratória. Ele fez isso com um discurso muito engraçado para duas mil pessoas no palco da Toastmasters International. Alguns disseram que foi um dos melhores discursos da história do concurso. Hoje ele é um palestrante campeão mundial. Darren nutre uma forte convicção de que, se você for uma esponja e tiver os mentores certos, tudo é possível.

Desde essa vitória, Darren viaja pelo mundo desmistificando o processo de criação de uma apresentação poderosa. Sua história inspirou o público em países como Arábia Saudita, Austrália, Brasil, China, Cingapura, Estados Unidos, Malásia, Omã e Taiwan com sua jornada inspiradora.

Em maio de 2022, tive a oportunidade de conhecer pessoalmente Darren LaCroix, quando, na função de diretor nacional de qualidade do Toastmasters Brasil, convidei-o para ser o palestrante principal da Conferência Nacional da organização, que aconteceu em Copacabana, no Rio de Janeiro.

Na Conferência, ele foi o único palestrante da história do evento que recebeu 100% de avaliações indicando-o como excelente em todos os critérios. Eu nunca tinha visto isso em toda a minha vida. Seu desempenho no palco é incrível. Ele é contagiante e muito engraçado! É realmente impressionante a transformação que ele produziu em sua própria vida!

Ele pode ter nascido sem graça nenhuma, mas sempre possuiu o desejo de aprender, e para isso estava disposto a fracassar quantas vezes fosse necessário. Essas características foram essenciais para a realização do seu sonho.

Darren possui uma história de azarão da vida real cheia de humor e esperança. Ele é a prova viva de que tudo pode ser aprendido.

05

CAPÍTULO 5

ATO 2 – ELABORE A SUA MENSAGEM

Este capítulo apresenta o Segundo Ato do Método 3E. Vimos no capítulo anterior que o segundo "E" do meu método se refere à Elaboração com a qual será introduzida a solução através do elemento de Visualização de sua apresentação.

Vimos no capítulo anterior que a visualização é um dos momentos do discurso persuasivo ou inspirador no qual a audiência deve visualizar o futuro que você descreve a partir da implementação da solução que você propõe como liderança.

Embora os membros do seu público possam querer ouvir sobre sua solução, eles só a comprarão se entenderem o que é e como funciona. Não sobrecarregue os ouvintes com um "processo em fases" ou uma "estratégia plurianual". Em vez disso, selecione uma solução fácil de entender e os ajude a visualizar o impacto que isso terá em suas vidas.

Lembre-se de que os membros de sua audiência só acharão sua solução confiável se ela abordar diretamente o problema que você identificou. Não se contente com a primeira solução que vier à sua cabeça; discuta a solução que tem a melhor chance de funcionar. Em seguida, ajude seu público a visualizar como será o mundo quando a solução for implementada.

Uma vez apontada a solução em alto nível, você detalhará os passos para executá-la.

FÓRMULA PAR

Ao abordar os passos de sua solução, é necessário fazê-lo de uma maneira que cative o público. No capítulo anterior, começamos a falar da Fórmula PAR[60] (Ponto, Âncora e Reflexão). Com ela, você poderá ancorar cada um dos pontos de solução que queira apresentar. Caso contrário, sua audiência poderá esquecer aquilo que você quis dizer, e no fim da apresentação ficar com a sensação de tempo perdido.

Para estruturar os pontos ou passos de sua solução, você deverá se perguntar:

- ↘ Todos os passos estão ligados a uma âncora?
- ↘ Minha audiência pode refletir sobre eles?

Estar ancorado significa que há alguma história, atividade, acrônimo ou analogia que ajude sua audiência a se lembrar do ponto que você quis estabelecer. Permitir que reflitam significa que os membros de seu público vão de espectadores passivos a ativos, pensando em

---

[60]. Método inspirado na abordagem de VALENTINE; MEYERSON, 2015, p. 58-65.

como podem aplicar a mensagem ou os passos em suas vidas para alcançar aquele objetivo para o qual você deseja liderá-los.

Para estruturar seu ponto de vista com âncoras adequadas, criando espaço para a reflexão de sua audiência, você deve estabelecer:

Ponto (ou Argumento)

Nessa etapa, o orador deve estabelecer o argumento que reforce a solução proposta ou apresentar cada uma das etapas da abordagem que propõe para resolver o problema identificado. Na maioria das vezes, o palestrante não estabelece seus argumentos para seu público por não saber quais são.

Caso o orador opte por estabelecer seu argumento, ele pode utilizar o conceito de "frase assinatura". Essa é a principal frase que você deve usar quando deseja demonstrar seu ponto de vista. Para estabelecer uma frase assinatura, é importante que seja memorável. Uma frase robusta possui algumas características importantes:

- **Deve ser breve**. Uma boa frase assinatura tem até dez palavras para ser facilmente recordada por sua audiência. Alguns exemplos trazidos por Valentine e Meyerson[61] seriam:
    - "Seu sonho não está à venda";
    - "Líderes medianos culpam os outros, líderes excepcionais assumem a responsabilidade";

---

[61] VALENTINE; MEYERSON, 2015, p. 59-60.

→ "O que te trouxe até aqui não te levará até lá [próximo nível]";

→ "Se você consegue visualizar, você consegue realizar."

- **Deve ser focado no outro**. A frase assinatura deve utilizar preferencialmente a palavra "você". Quando o orador utiliza a palavra você, está dirigindo-se direta e individualmente a cada uma das pessoas de sua audiência. Essa escolha aumenta o impacto de sua mensagem, pois as pessoas estão, no geral, concentradas em suas demandas e necessidades. O principal erro aqui pode ser construir uma frase assinatura focada no "eu".

- **Deve ser de fácil repetição.** A frase deve ser fácil de dizer, fácil de receber e fácil de repetir. Não existem as músicas chiclete que grudam na mente? Cabe aqui um paralelo. Seria como uma frase "chiclete" que se fixa na cabeça de sua audiência. É aquela frase que a pessoa vai repetir ao final de sua apresentação, caso questionada sobre o tema.

Âncora

Que tal ter uma forma infalível para as pessoas lembrarem de seu discurso independentemente do quão longo ele seja? Você gostaria que sua mensagem fosse lembrada por anos por sua audiência, mantendo alta a energia de todo o seu discurso? Se sim, a ferramenta que está à sua disposição para alcançar esses objetivos se chama "âncora".

Muitas vezes, oradores apresentam argumentos brilhantes em suas apresentações, mas não os ligam a nada. Contudo, apesar de esses pontos de vista poderem mudar vidas, como não estão emocionalmente conectados a nada, são facilmente esquecidos.

Carl W. Buehner, líder político e religioso norte-americano, afirmou algo que muitos palestrantes motivacionais costumam citar: "Eu aprendi que as pessoas esquecerão o que você disse, elas esquecerão o que você fez. Mas as pessoas nunca se esquecerão de como você as fez sentir".[62] O conhecimento empírico nos mostra que essa afirmação é muito verdadeira! Tudo o que a audiência associar a fortes emoções, ela não vai esquecer por anos.

Dessa forma, todos os argumentos que você utilizar em sua apresentação devem estar conectados a algum tipo de âncora. Uma âncora é um recurso que faz o público se lembrar de seus argumentos. Há três tipos principais de âncoras, sendo a história a principal delas:

- **História**. Quando você conta uma história e traz seu argumento, as pessoas vão se lembrar dele em função da história contada. Como já mencionei no capítulo anterior, se você quiser a atenção de um grupo, comece com: "Pessoal, vou contar uma história..."
- **Analogia**. Com uma analogia, as pessoas vão se lembrar mais facilmente do seu argumento, pois podem comparar com algo mais simples. Eu me recordo bem quando o Brasil recebeu o grau de investimento, em abril de 2008, pela Standard & Poors. Naquela ocasião, fiquei imaginando como o presidente Lula explicaria

---

62. SEALES, R. Let's save Maya Angelou from fake quotes. **BBC News**, 13 nov. 2017. Disponível em: https://www.bbc.com/news/41913640. Acesso em: 2 ago. 2023.

esse complexo conceito atrelado ao risco de o governo central dar um calote em sua dívida. Em Maceió, ao receber essa notícia, ele afirmou: "Não sei nem falar direito essa palavra [*investment grade*], mas, se a gente for traduzir isso para uma linguagem que os brasileiros entendam, o Brasil foi declarado um país sério, que tem políticas sérias, que cuida das suas finanças com seriedade e que, por isso, passamos a ser merecedores de uma confiança internacional que há muito tempo o país necessitava".[63] Em resumo, ele falou que obter o *investment grade* era análogo ao Brasil ser um país sério. Todos conseguem entender esse conceito!

↘ **Acrônimo**. Quando você usa um acrônimo como o que usamos aqui na Fórmula PAR, proporciona à audiência uma maneira fácil e rápida de se lembrar de conceitos complexos.

A chave para que as âncoras funcionem bem em seu discurso é usar bem as transições entre cada um dos argumentos para que a passagem entre eles fique fluída na cabeça do público. As transições serão tratadas em detalhes mais adiante.

Reflexão

Causar reflexão na audiência é o que possibilita que seus argumentos sejam incorporados e as mudanças que você pretende implementar

---

[63]. REDAÇÃO. Quando Lula tentou traduzir a nota da S&P. **Veja**, 28 jul. 2015. Disponível em: https://veja.abril.com.br/economia/quando-lula-tentou-traduzir-a-nota-da-sp/. Acesso em: 2 ago. 2023.

no mundo como líder sejam materializadas. A sabedoria costuma vir da reflexão. "Você não pode influenciar, se eles não podem refletir".[64] E estou de pleno acordo.

Conforme Valentine e Meyerson, para que as pessoas possam mudar suas vidas, elas precisam primeiro tomar consciência. Eles devem estar conscientes de seus desafios atuais e querer enfrentá-los. Os grandes líderes não somente falam trechos decorados de seus discursos como levam as pessoas a refletirem e andarem juntas com ele no caminho de implementação de sua visão.

Sempre que você fizer uma pergunta que demande reflexão da audiência, conceda algum tempo para que eles pensem sobre o ponto proposto. Veremos no próximo capítulo que, se você faz a pergunta e já emenda na próxima fala, o público se sente atropelado.

Nesse ponto você deve estar se perguntando: "Mas como essa Fórmula PAR se conecta com o discurso?". Veremos isso na próxima seção.

PRIMEIRO, SEGUNDO E TERCEIRO PONTOS

Após propor uma solução e criar uma visão futura que permita à audiência visualizar o que você propõe como líder, defina um método de implementação ou estabeleça três argumentos para consolidar a visão proposta.

Nesse momento, você poderá usar a Fórmula PAR simultaneamente com a Visualização.

---

64. VALENTINE; MEYERSON, 2015, p. 65.

Para dar início ao primeiro argumento, você utiliza uma transição que anuncia o argumento que pretende apresentar. A transição funciona como um elemento conector entre a visão declarada anteriormente e o seu primeiro argumento.

Se você capturou a atenção da audiência, pode perdê-la a qualquer momento. Você perde a atenção do público ao confundi-lo. Ao transitar de uma ideia para outra sem sinalizar devidamente, você poderá causar essa confusão. Você deve responder à pergunta: "Como isso se conecta com o que acabei de dizer?". Ao fazer essa verificação, você mantém a atenção da audiência. Com as devidas transições, as pessoas não se perdem ou ficam confusas com a incoerência de sua comunicação.

Sabe quando você está assistindo a um programa de variedades e o apresentador anuncia o que vai acontecer no próximo bloco, pedindo que você não troque de canal? Esse é um exemplo do uso do recurso da transição. Ele serve para anunciar o que virá e mantém seu nível de atenção. Uma vez feita a transição, você poderá apresentar seu primeiro ponto ou argumento, âncora e reflexão, como vimos na seção anterior.

Concluído o primeiro argumento, vamos para o segundo ponto. Você deve estar se perguntando: "Mas não é igual?". Sim e não. A diferença aqui é que utilizamos uma estrutura chamada conector de fechamento.[65] O conector resume o que se discutiu no primeiro argumento. Assim teremos a transição anunciando o que será dito, a Fórmula PAR com ponto, âncora e reflexão e o conector de fechamento.

A seguir, você poderá repetir toda essa estrutura para o segundo e o terceiro pontos de sua apresentação.

---

65. Tradução livre para o termo *call back*, do inglês.

Storytelling

Histórias são para o coração humano o que o alimento é para o corpo. Anunciantes as refinam, publicitários as divulgam, advogados as adaptam e religiões as exaltam. Nós as vemos passar nas telas, nos livros e, não raro, quando não conseguimos achar uma que seja boa, nós as criamos.

Os seres humanos são naturalmente contadores de histórias. Aprendemos o básico sobre contar histórias assim que aprendemos a falar. Histórias têm o poder de conquistar clientes, unir colegas e motivar funcionários. Elas são a plataforma mais poderosa para interferir na imaginação das pessoas. Aqueles que dominam essa arte podem exercer grande influência e construir um legado duradouro.

As histórias serviram de pivô na vida e carreira de realizadores e encorajadores. O que você acha que há em comum entre Winston Churchill, John Lennon, Abraham Lincoln, Martin Luther King, Steve Jobs, Getúlio Vargas ou Juscelino Kubitschek? Todos contaram histórias para chamar atenção, capturar interesse, despertar desejo e mover seus ouvintes a tomarem uma ação.

Talvez, nesse momento, você possa estar pensando como muitos palestrantes pensam: "Mas ninguém quer ouvir a minha história!". Matt Kinsey, presidente internacional do Toastmasters de 2022 a 2023, tem a seguinte visão sobre essa forma de pensar:[66]

> Uma coisa que sempre ouço dos palestrantes é: "Ninguém quer ouvir a minha história". E é aí que você está errado! Se você acha que ninguém quer ouvir a sua histó-

---
[66]. A entrevista foi concedida ao autor exclusivamente para este livro por Matt Kinsey em 12 de janeiro de 2023.

ria, está errado! Todo mundo quer ouvir a sua história? Provavelmente não. Há pessoas com quem sua história fala, e só você pode superá-la, porque sua experiência reflete a experiência delas. Você precisa contar histórias que se conectem com as emoções humanas.

Darren LaCroix, campeão mundial de oratória e treinador de novos campeões, disse em sua entrevista[67] sobre a contação de histórias: "Contar histórias, acredito, é o coração de uma apresentação. Se você conta boas histórias, seu público vai te amar e te ouvir."

Dessa forma, quais seriam os elementos de uma boa história? Ela deve possuir os seguintes aspectos-chave:

- **Mensagem principal (ponto ou objetivo)**. Qual é o ponto principal da história?
- **Contexto**. Qual é o cenário de partida dessa história?
- **Personagens**. Quem está nessa história?
- **Conflito**. O que acontece com essas personagens?
- **Estrutura**. Qual é a estrutura da história?
  - **Clímax**. Qual seu ponto de virada?
  - **Resultado**. Qual é o resultado ou a conclusão da história?

As próximas seções vão retratar cada um desses elementos de uma história.

---

[67]. A entrevista foi concedida ao autor exclusivamente para este livro por Darren LaCroix em 5 de novembro de 2022.

Mensagem principal (ponto ou objetivo)

Quando contamos histórias seu propósito deve ser transmitir uma mensagem. Uma história pode ter quatro tipos de objetivos.

O primeiro objetivo para uma história é aquele em que chamamos as pessoas a tomarem uma ação – ou *call-to-action* no inglês. Assim, incentiva-se as pessoas a agirem de determinada maneira, a aderirem a um determinado programa ou a fazerem parte de um certo movimento.

Um segundo objetivo é aquele que busca persuadir as pessoas. A história, nesse caso, busca convencer as pessoas sobre uma certa ideia ou sobre mudar a maneira como fazem as coisas.

O terceiro objetivo de uma história pode ser educar o público.

E, por fim, o quarto objetivo é entreter. Às vezes, você só quer contar a história para que as pessoas se soltem, relaxem, divirtam-se, para que no final possam sorrir e olhar para a vida de uma forma mais positiva.

Contexto

Uma vez que você tenha decidido o objetivo, passa para o contexto da história, que pode ser geográfico, histórico, econômico, social e pessoal para as personagens envolvidas na história.

Personagens

Tendo definido o contexto, estabelecem-se as personagens respondendo à pergunta: "Quem são as pessoas envolvidas nessa história?". Toda boa história tem personagens interessantes e muitas vezes são personagens que conectarão você mais fortemente com sua audiência. De alguma forma, você poderá se conectar indiretamente com seu público através das personagens da história se der a elas três oportunidades: serem vistas, serem conhecidas e serem ouvidas.

Para que suas personagens sejam vistas, você pode fazer uma breve descrição de uma ou duas linhas para que elas venham à mente de seu público. Para que suas personagens sejam conhecidas, é necessário descrever rapidamente seu passado. Se seu público não sabe de onde vieram suas personagens, não saberão para onde vão. Às vezes, é melhor fazer isso através de diálogos entre personagens do que de narrativas entre elas. Por fim, para que suas personagens sejam ouvidas, deixe que elas compartilhem o aprendizado de sua história ao invés de você mesmo dizer qual é a lição aprendida naquele caso.

As histórias possuem alguns arquétipos para personagens. O herói, que é o protagonista da história (a pessoa que acompanhamos ao longo de toda a narrativa), o antagonista (que pode ser uma pessoa ou situação que o herói enfrenta) e o mentor (o antigo herói que está lá para apoiar o atual protagonista em sua jornada). Caso haja espaço ou a história exija, é possível incluir outro tipo de personagem, mas esses três são fundamentais para uma boa estrutura.

Conflito

Você já parou para pensar sobre o que prende a atenção do público em uma história? O que tornou algumas das histórias de que você ainda se lembra muito divertidas?

Foi o conflito! É aqui que o enredo começa a ficar instigante. Algo estava acontecendo. Alguém foi desafiado e tinha que alcançar algo que parecia impossível. As probabilidades estavam contra o herói.

É necessário introduzir esse tipo de tensão na história.

Gostamos de conflitos como o bem contra o mal ou o certo contra o errado. Vivemos entre os dois diariamente. Adicionalmente, há conflitos como homem *versus* sociedade: uma pessoa com uma visão ou uma ideia que não é aceita por todos e que precisa enfrentar a provação de lidar com o escrutínio de todos os outros.

Além disso, há o homem contra a adversidade: situações em que você tem que lidar com todas as probabilidades que estão contra você. Por fim, há ainda homem *versus* natureza: lutando contra os elementos da natureza que você não pode controlar quando a única coisa que você pode controlar é sua reação à situação.

Todos esses conflitos são, na verdade, uma forma diferente do conflito central em cada história, o do homem *versus* ele mesmo. A verdade é que diariamente estamos em conflito com quem somos, com quem queremos ser, com quem as pessoas dizem que devemos ser e com todos os medos e dúvidas que carregamos conosco.

É por isso que realmente vamos ouvir histórias ou ver filmes, pois vemos um herói resolvendo seus conflitos internos e, quando olhamos para essa personagem e suas dualidades, queremos tratar nossos próprios conflitos.

Estrutura

Qual é a estrutura de uma história? Ela começa com um objetivo e o contexto, e as personagens são apresentados. Conseguimos entender o que está acontecendo, onde tudo se passa. Recebemos uma dica sobre o que o personagem deseja alcançar e então passamos rapidamente para a intriga. A situação muda. Há uma ruptura no *status quo*, a personagem tem que lidar com a nova situação, a tensão aumenta e entra em conflito. Nesse ponto, tudo fica muito confuso, pois as situações são imprevisíveis e parece que a personagem principal pode não ganhar a batalha.

Mas, felizmente, existe uma resolução. Vemos que, no fim, a situação se resolve por si só. Relaxamos e então é o momento de mergulhar no que chamamos de relevância. Responde-se à pergunta: "Por que contei essa história e como isso é relevante para nós hoje?".

Em sua apresentação no TED Talk, Nancy Duarte[68] menciona que o dramaturgo alemão Gustav Freytag, em 1863, propôs uma estrutura em pirâmide para as histórias. Ele acreditava em uma estrutura de cinco atos: exposição, ação crescente, clímax, ação decrescente e resolução, que é o esclarecimento ou a resolução da história.

Quando você cria uma estrutura, deve ter em mente o fluxo de energia ou tensão da história que é a pirâmide de Freytag. Na fase de contexto, a energia é baixa. Há um tom comum e relaxado, e espaço para nos familiarizarmos com o que está acontecendo na história. A tensão começa a aumentar na intriga, porque os acontecimentos estão se tornando um pouco incertos, pouco previsíveis. No conflito acontece o clímax da história, quando as situações estão completamente fora de controle. Essa é uma sensação que o público também precisa sentir. Assim que o clímax é alcançado, a tensão deve diminuir. É aí que as pessoas têm tempo para respirar e refletir sobre a relevância da história para suas vidas.

A figura a seguir mostra essa evolução do nível de energia ou tensão de uma história – a pirâmide de Freytag.

---

[68]. DUARTE, N. The secret structure of great talks. Vídeo (18min1s). **TED Talk**. Disponível em: https://www.ted.com/talks/nancy_duarte_the_secret_structure_of_great_talks. Acesso em: 2 ago. 2023.

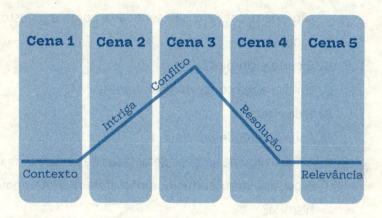

Figura 1: Níveis de energia em uma história, ou Pirâmide de Freytag adaptada.

DEZ TESTES PARA UMA HISTÓRIA

O autor Nicholas Boothman, no livro *Como convencer alguém em 90 segundos*, propõe um *checklist* para você verificar se suas histórias são concisas e diretas ao ponto.[69] É importante aplicar esse teste às histórias que você pretende contar em suas apresentações.

1. A história levanta três questões fundamentais: "E daí?", "Quem se importa?" e "O que eu ganho com isso?".
2. Tem um ponto (objetivo)? Qual é esse ponto?
3. É diferente? Faça com que seja memorável!
4. É emocional? Ela se conecta com as emoções da audiência?
5. Ela mostra e conta? Além de transmitir uma sequência de eventos, a sua história descreve como as coisas

---

69. BOOTHMAN, 2012, p. 219.

são, soam, cheiram, são sentidas e como é o gosto de tudo isso?
6. É curta e simples?
7. Uma criança conseguiria entendê-la?
8. É divertida?
9. Parece verdadeira?
10. Você evitou descrições detalhadas de pessoas, lugares e coisas? Tirou partes que não afetam diretamente a história?

Ao responder a essas perguntas, você tornará suas histórias mais robustas e terá mais chances de se conectar emocionalmente com seu público, tornando seu argumento ou método inesquecíveis.

JORNADA DO HERÓI

O que Harry Potter, Homem-Aranha e Frodo têm em comum com os heróis dos mitos da Antiguidade? E se eu dissesse que todos eles são variantes do mesmo herói? Você acredita nisso? Joseph Campbell, sim. Ele estudou os mitos em todo o mundo e publicou o livro *O herói de mil faces*, recontando dezenas de histórias e explicando como cada uma representa o mono-mito ou a Jornada do Herói.[70]

Embora sua opção acadêmica tenha sido por assuntos relacionados à Biologia e Matemática, Joseph Campbell foi um pesquisador

---

70. WINKLER, M. What makes a hero? Vídeo (4min30s). **TED Talk**. Disponível em: https://www.ted.com/talks/matthew_winkler_what_makes_a_hero/. Acesso em: 3 ago. 2023.

com uma atração irresistível pela construção dos mitos, por religião e psicologia: importantes ingredientes na composição de uma história.

Ao longo da obra, ele analisa diversas histórias e encontra nelas uma espécie de técnica comum às lendas, aos mitos e às fábulas antigas — o personagem passa por transformações sequenciais até se tornar um herói.

O que é a "Jornada do Herói"?

As doze etapas da Jornada do Herói[71] são: o mundo comum; o chamado à aventura; a recusa do chamado; o encontro com o mentor; a travessia do primeiro limiar; provas, aliados e inimigos; aproximação da caverna secreta; a provação; a recompensa; o caminho de volta; a ressurreição; e o retorno com o elixir.

Pense nisso como um ciclo. A jornada começa e termina no mundo normal do herói, mas a missão passa por um mundo especial, não conhecido. Ao longo do caminho, há alguns eventos decisivos. Pense no seu livro ou filme predileto. Ele segue esse padrão?

Vejamos cada um dos passos.

---

71. CAMPBELL, J. **O herói de mil faces**. São Paulo: Pensamento-Cultrix, 1989.

Figura 2: A Jornada do Herói em doze passos.

O mundo comum

É a ambientação inicial, que mostra quem é o personagem, como e onde ele vive, com quem se relaciona e como sua vida poderia ser monótona e bem parecida com a vida de qualquer outra pessoa comum. Nesse ponto, a natureza do personagem é exibida, assim como suas qualidades e seus defeitos, suas forças e fraquezas, e demais detalhes capazes de fazer o público encontrar pontos de identificação com ele.

O chamado à aventura

A aventura começa quando o personagem se depara com o conflito, com o chamado para uma missão que o tira do seu mundo comum, da sua zona de conforto. Não necessariamente precisa ser algo dramático como a morte — basta ser um desafio que o obrigue a experimentar coisas novas. Esse desafio está relacionado a coisas importantes para ele, como a manutenção da própria segurança ou a da sua família, a preservação da comunidade onde vive, o destino da sua vida, ou qualquer outra coisa que ele queira muito conquistar ou manter.

A recusa do chamado

Diante de um grande desafio, é natural que surjam medos, hesitações e muitos conflitos interiores. Por isso, em um primeiro momento, o personagem recusa o chamado que recebeu e tenta se convencer de que não se importa com aquilo.

Mesmo que surja algum tipo de ansiedade para realizar a missão que recebeu, ele compara a segurança e o conforto do lar com os caminhos difíceis que poderá encontrar pela frente e prefere se manter onde está. Porém, o conflito permanece com ele.

O encontro com o mentor

Diante do impasse em que se encontra, o herói precisa de uma ajuda. É chegada a hora de ele encontrar seu mentor, que lhe dará o que for necessário para que enfrente o desafio proposto. Nesse ponto, é possível incluir até mesmo algum tipo de força sobrenatural, que dá ao personagem um objeto, um treinamento, conselhos, poderes ou qualquer outra coisa que permita a ele encontrar a autoconfiança necessária para resolver o seu conflito e aceitar o desafio.

Esse muitas vezes é o papel do líder: ser o mentor; não o Luke Skywalker, mas o Yoda; ser quem realmente ajuda seu público a mudar de uma situação para a sua nova ideia especial.

A travessia do primeiro limiar

Finalmente, chegou o momento em que o herói está pronto para cruzar o limite entre o mundo que ele conhece e com o qual está acostumado e o mundo novo para o qual ele deve ir.

Esse mundo não precisa ser de fato um local físico, mas algo desconhecido pelo personagem. Pode ser, por exemplo, a descoberta de um segredo, a aquisição de uma nova habilidade, ou até mesmo a mudança de lugar propriamente dita.

O ventre da baleia (testes, aliados e inimigos)

Agora que o herói foi em busca de seu objetivo maior, ele começa a se deparar com diversos desafios menores, contratempos e obstáculos que vão testando suas habilidades e deixando-o mais preparado para as maiores provações que ainda estão por vir. É mostrada uma visão mais profunda do personagem e sua capacidade de descobrir quem são as pessoas com quem pode contar e quem são as que desejam prejudicar sua jornada, ou seja, seus aliados e inimigos. Nesse ponto, a identificação com o público se torna ainda maior.

A aproximação da caverna oculta

Sabe o recuo do mar antes do tsunâmi? É a esse ponto que chegou o herói. Ele faz uma espécie de pausa, recolhe-se em um esconderijo — interior ou não — e retorna aos seus questionamentos iniciais e ao enfrentamento dos medos que o impediam de iniciar sua jornada. Quando não há o conflito interior, ainda assim, essa pausa é necessária para mostrar ao público a magnitude do desafio que está por vir e, então, esse recuo é utilizado para que o nosso herói se prepare melhor para ele.

A provação suprema

A provação é uma espécie de morte pela qual o nosso herói precisa passar para cumprir o seu destino. Para isso, ele passará por um teste físico de extrema dificuldade, enfrentará um inimigo letal ou passará por um conflito interior mortal. Seja qual for a prova, para que ele seja capaz de enfrentá-la, precisará reunir todos os conhecimentos e as experiências adquiridos durante a sua jornada até aquele momento. Essa provação tem um significado de transformação e, por isso, é comparada com a morte e ressurreição para uma nova vida.

A recompensa

Depois que o nosso herói já passou por diversos desafios, como derrotar o inimigo e sobreviver à morte, ele merece uma recompensa. Ela simboliza a sua transformação em uma pessoa mais forte e pode ser representada por um objeto de grande valor, a reconciliação com alguém querido, um novo conhecimento ou habilidade, um tesouro ou o que mais a imaginação permitir.

Metaforicamente, essa conquista é representada pela força do nosso herói para arrancar a espada da vitória enterrada em uma pedra. Mas vale lembrar: ele não deve se demorar muito em suas comemorações, pois sua jornada ainda não chegou ao fim. Ele precisa voltar para o ponto de onde veio como um vitorioso.

O caminho de volta

O caminho de volta para casa não oferece tantos perigos, mas sim um momento de reflexão, em que o herói poderá ser exposto à necessidade de uma escolha entre a realização de um objetivo pessoal ou um bem coletivo maior. De qualquer modo, a sensação de perigo iminente é substituída pelo sentimento de missão cumprida, de absolvição e de perdão, ou aceitação e reconhecimento pelos demais.

A ressurreição

Esse é o ponto mais alto da história. É aquela última batalha em que o inimigo ressurge quando mais ninguém esperava por isso, nem mesmo o herói. Esse desafio é algo que vai muito além da vida dele, representando perigo para as pessoas à sua volta, sua comunidade, família, enfim, seu mundo comum. Se ele perder, todos sofrem. É nesse ponto que ele destrói o inimigo definitivamente — ou não — e pode, de fato, renascer para uma nova vida, totalmente transformada para todos.

O retorno com o elixir

Chegou o momento do reconhecimento efetivo do herói. A chegada ao seu local de origem simboliza o seu sucesso, conquista e mudança. Aqueles que nunca acreditaram nele ou mesmo os que tentaram prejudicá-lo serão punidos, além de ficar muito claro para todos que as coisas nunca mais serão as mesmas por ali.

O mito da jornada do herói existe em todas as culturas humanas e continua sendo atualizado, porque nós, humanos, refletimos sobre nosso mundo através de histórias simbólicas de nossas próprias vidas. Você deixa sua zona de conforto, tem uma experiência que o transforma e, então, recupera-se e faz isso novamente. Joseph Campbell disse: "Na caverna em que você tem medo de entrar está o tesouro que você busca".[72] Qual é a caverna simbólica em que você

---

72. CAMPBELL, J. **Reflections on the Art of Living**. New York: Joseph Campell Foundation, 2011

tem medo de entrar? Uma pós-graduação? Testes para o futebol? Buscar sua promoção?

Observe essa fórmula em livros, filmes e shows de TV com que se deparar. Com certeza você a verá novamente. Mas também seja sensível a ela em sua própria vida. Ouça seu chamado para a aventura. Aceite o desafio. Vença seu medo e reivindique o tesouro que busca. E, então, torne-se a liderança que almeja ser.

Sessão pipoca

Filme: *O destino de uma nação*
Winston Churchill está prestes a encarar um de seus maiores desafios: tomar posse do cargo de primeiro-ministro da Grã-Bretanha. Enquanto isso, ele costura um tratado de paz com a Alemanha nazista que pode significar o fim de anos de conflito. O filme retrata em muitos momentos a importância que os discursos de Churchill tiveram para unir o povo inglês em torno do objetivo de enfrentar a guerra e vencê-la.

TEDx Talk: Como seu cérebro responde às histórias e por que elas são cruciais para os líderes (*"How your brain responds to stories and why they're crucial for leaders"*), por Karen Eber

Karen já trabalhou em gigantes como GE e Deloitte, e hoje atua como consultora nas áreas de cultura e desenvolvimento de lideranças em empresas.

Caso: Barack Obama, ex-presidente dos EUA

Barack Obama talvez seja o maior orador ainda vivo que esteve ligado à política. Provavelmente você já assistiu a algum discurso dele e pôde se encantar com sua retórica cativante e seu carisma contagiante. Sua história de vida é, no mínimo, heterodoxa comparada à de qualquer cidadão norte-americano padrão.

O material sobre os discursos de Obama a partir de 1995, principalmente depois de sua forte aparição nas eleições de 2004, é abundante. Neste caso irei tratar de três momentos marcantes: 1) em 1995, quando apresenta seu primeiro livro, *Sonhos do meu pai*, quando ainda era uma figura desconhecida; 2) sua apresentação na Convenção Democrata de 2004, que o torna conhecido nacionalmente nos EUA; e 3) o discurso em que perde uma primária na corrida presidencial da qual se sagraria vencedor e consolida o lema "*Yes, we can*" (Sim, nós podemos).

Os três momentos permitirão a você visualizar a evolução de Obama como um líder comunicador. Recomendo a você, leitor ou leitora, que veja essas apresentações e perceba que, mesmo o ex-presidente norte-americano, que acredita ter um talento nato para a oratória, melhorou muito em função de preparação e prática ao longo do tempo.

O ex-presidente norte-americano começou cedo a praticar seus discursos, tornando-se professor de Direito Constitucional logo após terminar sua graduação, e a questão de falar em público não era um desafio central para ele. Talvez nesse momento você esteja se perguntando: "O que posso aprender com Barack Obama se a realidade dele é tão distante da minha?". Além de haver uma enormidade de discursos proferidos por ele que você poderá estudar em sua jornada de aprendizado, poderá constatar a importância e a força da constância e da prática para se tornar uma liderança comunicadora.

Barack Obama[73] nasceu no Havaí, em 4 de agosto de 1961, filho de Barack Obama pai, um estudante de Economia e muçulmano devoto do Quênia, e de Ann Dunham, uma mulher branca do Kansas. Seus pais se separaram quando Barack tinha 2 anos. Após o divórcio, seu pai frequentou a Universidade de Harvard para fazer um doutorado antes de retornar ao Quênia. Sua mãe se casou novamente e se mudou para a Indonésia, quando Barack tinha 6 anos. A família morou em

---

73. ROGAK, L. **Barack Obama in his own words**. London: Jr Books, 2013.

Jacarta por quatro anos, e Barack voltou para o Havaí sozinho para morar com os avós até se formar no ensino médio, em 1979. Ele frequentou o Occidental College, na Califórnia, por dois anos antes de se transferir para a Columbia University.

Em 1982, ele recebeu a notícia de que seu pai havia morrido em um acidente de carro no Quênia, e isso o deixou perplexo, apesar do fato de ele ter visto o pai apenas uma vez desde o divórcio dos pais, quando tinha 10 anos.

No filme *Barry*,[74] apelido que Barack ganharia na Indonésia,[75] fica claro que a ausência do pai marcou Obama, e que de alguma forma ele buscou enfrentar escrevendo o livro *Sonhos do meu pai*.

No prefácio de seu primeiro livro,[76] o ex-presidente afirma:

> Como mencionei na introdução original, a oportunidade de escrever o livro surgiu quando eu estava na faculdade de Direito, resultado de minha eleição como o primeiro presidente negro da Harvard Law Review. Após uma publicidade modesta, recebi um adiantamento de um editor e comecei a trabalhar com a crença de que a história de minha família e meus esforços para entendê-la poderiam falar de alguma forma sobre as fissuras

---

74. Filme sobre o período de Barack Obama em sua juventude. Netflix. 2016.
75. BERRIOS, F. **Barack Obama**: a Little Golden Book Biography. New York: Golden Books, 2022. p. 5.
76. OBAMA, B. **Sonhos do meu pai**: uma história sobre raça e legado. São Paulo: Companhia das Letras, 2021.

raciais que caracterizaram a experiência americana, bem como o estado fluido de identidade – os saltos no tempo, a colisão de culturas – que marcam nossa vida moderna.

A apresentação mais antiga de Obama disponível na internet é a de setembro de 1995, na Biblioteca Pública de Cambridge, e foi ao ar originalmente como um episódio do programa *The Author Series*.[77] Nesse episódio, Obama falou sobre seu primeiro livro, que na época havia sido lançado alguns meses antes.

Na apresentação, é possível verificar que Obama não tinha ainda a fluência retórica que o tornaria célebre uma década depois. Ele começa sua apresentação sem a energia que lhe é peculiar. Por outro lado, alguns dos elementos que seriam marcantes de seu estilo já estão presentes: o uso de um humor refinado, busca de conexão com sua audiência desde o princípio, uso da contação de histórias como ferramenta de empatia. Logo após se conectar com sucesso com o público, ele hesita ao iniciar sua apresentação.

Em 1995, quando surge a oportunidade de se candidatar para o Senado Estadual, Obama falou em seu livro *Uma terra prometida* sobre o seu discurso de campanha:[78]

---

[77]. Barack Obama. From the Vault. 1995. VÍDEO (56min42s). **22-CityView, Cambridge, MA**. Disponível em: https://www.youtube.com/watch?v=w5Jl-qDnoqlo. Acesso em: 3 ago. 2023.

[78]. OBAMA, B. **Uma terra prometida**. São Paulo: Companhia das Letras, 2020. p. 53-54.

> Quando não estava no escritório ou dando aulas, eu visitava os clubes locais, os eventos sociais da igreja e lares para idosos, expondo minha causa aos eleitores. Não me saía muito bem. Meu discurso de campanha era empolado, cheio de chavões políticos, sem humor nem inspiração. Também me sentia pouco à vontade para falar sobre mim mesmo. No trabalho social que exercia, eu havia sido treinado a ficar sempre em segundo plano.

Sua primeira disputa para um cargo público foi bem-sucedida quando Obama venceu a eleição para senador estadual de Illinois, em 1996. Ficou no cargo por oito anos, e em 2003 lançou sua campanha para o Senado dos Estados Unidos. Começou como azarão[79] e venceu uma primária com 53% dos votos, mais que o dobro do segundo lugar. Ele seria eleito para o Senado dos Estados Unidos com 70% dos votos, tornando-se o quinto negro na história dos Estados Unidos a servir como senador.

A repercussão dessa vitória chamou a atenção do candidato democrata John Kerry, que o convidou para fazer o discurso de abertura da Convenção Democrata em Boston. A mensagem central do discurso de Obama – "a audácia da esperança" – era uma frase usada em um sermão por seu pastor, o reverendo Jeremiah A. Wright Jr.

---

79. DIONNE JUNIOR, E. J.; REID Joy-Ann (org.). **Nós somos a mudança que buscamos**: os discursos de Barack Obama. Rio de Janeiro: Best Seller, 2017. p. 31.

Em 2004, Barack Obama era completamente desconhecido do grande público. Quando fez o discurso na Convenção Democrata, teve a oportunidade de se apresentar aos eleitores: "Esta noite é uma honra especial para mim, pois, sejamos francos, minha presença neste palanque era altamente improvável. Meu pai era um estudante estrangeiro, nascido e criado em uma aldeia no Quênia."[80]

Algo que tornou seu discurso político efetivo é que ele conseguiu mesclar sua história pessoal com a história maior norte-americana:

> Meus pais não partilhavam apenas um amor improvável: partilhavam também uma fé inabalável nas possibilidades desta nação. Deram-me um nome africano, Barack, "abençoado", na convicção de que, em uma América tolerante, o nome de uma pessoa não é uma barreira para o sucesso. [...] Estou aqui sabendo que minha história faz parte da história americana, que tenho uma dívida com todos aqueles que vieram antes de mim e que em nenhum outro país do planeta minha história nem de longe seria possível.[81]

No momento em que esse discurso aconteceu, os Estados Unidos eram presididos por George Bush, que teria

---

80. DIONNE JUNIOR; REID, 2017.
81. DIONNE JUNIOR; REID, 2017.

ganhado um novo mandato, dividindo o país e pregando o medo em função dos ataques das torres gêmeas sofridos pelos Estados Unidos em 11 de setembro de 2001.[82] O discurso de Obama funcionaria como um antídoto para essa polarização trazida pelo clima daquela eleição:

> [...] ao lado de nosso famoso individualismo, existe outro ingrediente na saga americana: a convicção de que estamos todos conectados como um só povo.
>
> [...] É esta crença fundamental – eu sou o guardião do meu irmão, eu sou o guardião da minha irmã – que faz este país funcionar. É ela que nos permite ir em busca de nossos sonhos individuais enquanto permanecemos uma única família americana: "De muitos, um".
>
> [...] Mas, neste exato momento, há quem esteja se preparando para nos dividir, os manipuladores e vendedores de pessimismo que adotam a política do vale-tudo.[83]

---

[82]. O 11 de setembro é a denominação para os atentados terroristas realizados pela Al-Qaeda contra as Torres Gêmeas e contra o Pentágono norte-americano. Nesse atentado, fundamentalistas islâmicos sequestraram aviões comerciais e lançaram-nos contra os alvos citados, resultando em milhares de mortes.
[83]. DIONNE JUNIOR; REID, 2017.

Robert Lehrman,[84] escritor-chefe de discursos do então vice-presidente Al Gore, afirma que há três características de Obama que tornam seu discurso muito efetivo:

- Busca dar concretude à sua história.
- Gosta de contar histórias.
- Ama usar a antítese – repetição em uma estrutura para demonstrar o contraste: "Bem, quero dizer a eles, hoje, que não há uma América liberal e uma América conservadora; há os Estados Unidos da América. Não há uma América negra, uma América branca, uma América latina, uma América asiática; há os Estados Unidos da América".

Ao analisar o discurso, é possível também notar que Obama utiliza de forma muito efetiva a gesticulação. Ele frequentemente usa as mãos para apontar, enumerar e estabelecer seu ponto de vista. Quando faz isso, ele traz um senso muito forte de energia para a fala. É como se dissesse naquele momento: "Eu represento o novo, a mudança, tenho energia para isso".

Obama traz um apelo para o sentimento nobre da esperança para concluir seu discurso:

---

84. THNKR. **The speech that made Obama president.** 2012. Vídeo (6min12s). Disponível em: https://www.youtube.com/watch?v=OFPwDe22CoY&t=123s. Acesso em: 4 ago. 2023.

> No fim das contas, é em torno disso que gira essa eleição. Vamos participar de uma política do cinismo ou de uma política da esperança?
>
> [...] Falo da esperança dos escravos entoando canções de liberdade ao redor da fogueira; da esperança de migrantes partindo em direção a terras distantes; da esperança de um jovem tenente da Marinha patrulhando corajosamente o delta do Mekong; da esperança do filho de um operário que ousa enfrentar a adversidade; da esperança de um garoto magrela de nome Esquisa que acredita que os Estados Unidos também têm um lugar para ele.
>
> Esperança frente à dificuldade, esperança frente à incerteza, a audácia da esperança [...][85]

A aparição de Obama naquela Convenção Democrata e seu discurso foram eletrizantes com uma apresentação até melhor do que a que faria o candidato a presidente John Kerry. Muitos afirmam que esse seria o discurso que daria a presidência para Obama quatro anos mais tarde.

Por fim, a autenticidade é um ingrediente fundamental em apresentações de alto impacto. Obama termina assim seu discurso:

---

85. DIONNE JUNIOR; REID, 2017.

> Eu acredito que estamos sendo levados por ventos propícios e que, na encruzilhada da história, somos capazes de fazer as escolhas certas e enfrentar os desafios que se apresentam.
> Estados Unidos, se vocês sentirem a mesma energia que eu esta noite, se tiverem o mesmo sentimento de urgência que eu, se sentirem a mesma paixão que eu, se experimentarem a mesma esperança que eu [...] nosso país cumprirá seu destino. E dias mais claros surgirão desta longa escuridão política.

Em 2007 anunciou que seria candidato a presidente dos Estados Unidos. Sua concorrente nas eleições primárias para definição do candidato democrata era a forte senadora Hillary Clinton. Em janeiro de 2008, Obama perde as primárias do estado de New Hampshire e faz um discurso de reconhecimento de sua derrota que representaria um ponto de inflexão rumo a vitória que obteria nas eleições presidenciais daquele ano.

Em 4 de novembro de 2008, Barack Obama derrotou o senador John McCain e venceu as eleições presidenciais norte-americanas. Naquela noite, ele pronunciou o discurso da vitória em sua cidade natal, Chicago. Embora tivessem sido distribuídas entradas para o evento a 70 mil pessoas, cerca de 240 mil estiveram presentes, em sua vasta maioria assistindo ao momento histórico por um telão a algumas quadras de distância. Milhões de pessoas também viram ou ouviram o pronunciamento de casa. Tive o privilégio de estar morando nos Estados Unidos nesse momento, quando estudava na Universidade da Califórnia, em Los Angeles, e pude entender a força que representou a eleição do primeiro negro como presidente daquele país. Foi um momento único!

Vejamos trechos marcantes do discurso:

> Se alguém ainda duvida de que os Estados Unidos sejam um lugar onde tudo é possível, ainda se pergunta se o sonho dos nossos fundadores continua vivo em nossa época, ainda questiona a força da nossa democracia, esta noite é a resposta.
>
> É a resposta dada por filas que se estenderam ao redor de escolas e igrejas em quantidades que este país nunca viu, formadas por pessoas que esperaram três ou quatro horas, muitas pela primeira vez na vida, porque acreditavam que, dessa vez, tinha de ser diferente, que suas vozes podiam ser essa diferença.
>
> É a resposta dada por jovens e velhos, ricos e pobres, democratas e republicanos, negros, brancos, hispânicos, asiáticos, indígenas, homossexuais, heterossexuais, incapacitados e não incapacitados. Americanos que mandaram ao mundo a mensagem de que nunca fomos apenas uma jun-

ção de indivíduos ou uma junção de estados vermelhos e estados azuis.

Nós somos e sempre seremos os Estados Unidos da América. [...]

Esta é a nossa oportunidade de responder a esse chamado. Este é o nosso momento. [...] E quando depararmos com descrença, dúvidas e com aqueles que nos dizem que não podemos, responderemos com aquela confiança atemporal que resumo o espírito de um povo: Sim, nós podemos.[86]

Obama faria uma presidência intensa em mudanças e ganharia o Prêmio Nobel da Paz já em seu primeiro ano de mandato, representando uma grande inflexão na forma como os Estados Unidos se relacionavam com todo o mundo, trazendo esperança e fé no futuro. Obama se tornaria um líder *popstar*, suplantando as fronteiras de seu país.

---

[86]. DIONNE JUNIOR; REID, 2017, p. 105-111.

06

CAPÍTULO 6

ATO 3 – ENTREGUE SEU CONTEÚDO

"A voz humana. É um instrumento que todos nós tocamos. É o som mais poderoso do mundo, *provavelmente*. É capaz de começar uma guerra ou dizer 'eu te amo'. Mesmo assim, muitas pessoas sentem que, quando falam, não são ouvidas. Por que isso? Como podemos falar poderosamente para causar uma mudança no mundo?"[87] Assim Julian Treasure inicia seu famoso TED Talk sobre como falar de uma maneira que as pessoas queiram ouvir.

A voz humana é um dos mais poderosos instrumentos existentes: cria inovações, derruba regimes, promove a justiça, enaltece o amor ou cria realidades. Para que a voz possa ter eco através do discurso, a prática é fundamental.

Oradores comuns se tornam extraordinários porque praticam. Winston Churchill foi um dos principais comunicadores do século XX. Ele era um mestre da persuasão, influência e motivação. Churchill tam-

---

87. TREASURE, J. How to speak so that people want to listen. 2013. VÍDEO (9min45s). **TED Talk**. Disponível em: https://www.ted.com/talks/julian_treasure_how_to_speak_so_that_people_want_to_listen. Acesso em: 4 ago. 2023.

bém praticou deliberadamente as habilidades necessárias para inspirar milhões de britânicos durante os dias mais sombrios da Segunda Guerra Mundial. "Ele se preparava nos dias anteriores a um grande discurso parlamentar, praticando gracejos ou defesas contra qualquer número de interjeições possíveis. Churchill praticava tão meticulosamente que parecia estar falando de improviso... ele manteve seu público fascinado", escreveu a neta de Churchill Celia Sandys e o coautor Jonathan Littman.[88] Os maiores comunicadores do mundo sempre souberam que a "espontaneidade" é, na verdade, resultado de prática planejada.

Neste capítulo vou apresentar o Terceiro Ato do Método 3E, a Entrega. É neste ponto que o líder comunicador faz sua apresentação e conta com as técnicas aprendidas nas outras duas fases para persuadir ou inspirar a audiência.

PREPARANDO-SE PARA APRESENTAR

Agora seu discurso está pronto, mas você está pronto para apresentá-lo? Para ter sucesso na entrega, a prática é essencial. Pratique seu discurso até se sentir confortável.

Grandes atores ensaiam por meses antes da estreia. O público iria embora se um ator aparecesse no palco com um roteiro em mãos. Esperamos que os atores falem naturalmente, não como se tivessem memorizado as falas, mesmo que seja exatamente isso o que eles fazem. Mesmo em uma palestra, seu público espera o mesmo – um orador que, em vez de divagar, acerte o alvo com precisão.

---

[88]. SANDYS, C.; LITTMAN, J. **We Shall Not Fail**: The Inspiring Leadership of Winston Churchill. Portfolio, 2004.

Ao invés de pensar sobre sua apresentação como um discurso, pense nela como uma conversa com um grupo de amigos, compartilhando informações de interesse e aja como tal. Não tenha medo da audiência. Muitos deles já experimentaram os mesmos sentimentos que você sente.

Você gostaria de fazer um discurso sem anotações, ou pelo menos com pouquíssimas anotações? Memorizar seu discurso palavra por palavra não é apenas difícil, mas pode resultar em um estilo afetado, quase mecânico, ou em dificuldades se você esquecer completamente o que vai dizer. Embora seja uma boa ideia memorizar sua primeira frase, ou as duas primeiras, e a última – para amarrar as extremidades de seu discurso –, memorizar palavra por palavra do discurso raramente vale o esforço.

Na primeira vez que fiz um discurso, tentei decorá-lo palavra por palavra, e foi um fiasco. Ao tentar decorar um discurso, você aumenta as chances de esquecer uma palavra, dar um branco e entrar em pânico. Desde então passei a adotar uma abordagem de internalizar a mensagem que quero apresentar com o discurso. Mais adiante viria a conhecer Darren LaCroix, o campeão mundial de oratória de 2001 que costuma dizer: "Não memorize, internalize".

Para internalizar uma apresentação, há um processo que desenvolvi ao longo dos anos em cursos de oratória, aulas e treinamentos ministrados e no Toastmasters.[89] Ele funciona bem para a maioria das pessoas como um processo de três etapas.

↘ Passo 1: Crie um conteúdo memorável.

---

[89]. WINDINGLAND, D. Ditch your Notecards. **Toastmasters**, nov. 2020. Disponível em: https://www.toastmasters.org/magazine/magazine-issues/2020/nov/ditch-the-notecards. Acesso em: 4 ago. 2023

↘ Passo 2: Pratique o conteúdo sem se preocupar com a entrega.
↘ Passo 3: Incorpore gestos e espace sua prática.

Veremos esse processo nas próximas seções.

Crie um conteúdo memorável

Nos capítulos anteriores vimos os dois primeiros Es do Método 3E: Estrutura e Elaboração.

A forma como você organiza e desenvolve seu conteúdo pode melhorar a maneira como as pessoas vão se lembrar de sua apresentação. Pense no seu discurso como uma árvore, com a mensagem principal sendo o tronco. No Método 3E estaríamos falando dos elementos de Preparação, Atenção, Necessidade, Conexão, Satisfação, Visualização e Ação.

Em seguida, faça um brainstorming de subpontos (Visualização) e material de apoio, como histórias e dados (Fórmula PAR). Por fim, elimine os galhos e folhas que não apoiam sua mensagem principal. Isso torna seu discurso estruturalmente mais sólido e fácil de lembrar.

Como próximo passo, crie um esboço usando uma estrutura organizacional lógica com os elementos do Método 3E. Uma alternativa é um mapa mental, um diagrama para organizar visualmente suas ideias e informações, vinculando itens à sua mensagem principal.

Ilustre os argumentos na Fórmula PAR com histórias. Elas são concretas e memoráveis. Histórias relevantes ajudam o público a assimilar melhor a informação e ajudam você a se lembrar de seus pontos. Ao comparar as memórias das pessoas com palavras e suas memórias com imagens, é possível constatar uma memória significativamente superior para imagens, principalmente devido à maior quantidade de detalhes sensoriais associados à imagem.

Pratique o conteúdo sem se preocupar com a entrega

Repita

Leia seu discurso algumas vezes em voz alta. Ouça uma gravação sua. Reveja o conteúdo, se necessário. Cronometre para ter uma ideia de quanto tempo levará seu discurso e calibre para o dia de sua apresentação.

Nas reuniões dos clubes Toastmasters sempre há um voluntário que marca os tempos decorridos das apresentações dos oradores para que treinem entregar seu conteúdo dentro de um limite temporal pré-estabelecido.

Fragmente

Fragmente o conteúdo e pratique partes dele (por exemplo: separe a Atenção, a Necessidade, depois a Conexão e a Satisfação, a seguir o primeiro ponto, segundo ponto, terceiro pontos da Fórmula PAR, e por fim, a Ação). Inclua instruções de transição que ocorrem antes e depois de cada bloco.

- Leia cada parte em voz alta, juntamente com as transições.
- Lembre-se de dizer o trecho sem olhar para o discurso escrito.
- Verifique para ver o quão preciso você está lendo novamente.

↘ Repita até se sentir confortável com a primeira parte e, em seguida, passe para outro pedaço.

Use palavras-chave

Reduza suas anotações a palavras-chave (não mais do que três a quatro por frase). As histórias podem precisar apenas de uma frase de gatilho, como "Festa de Natal em Família". Nas sessões práticas subsequentes, reduza suas palavras-chave até ter apenas uma (ou menos) por parágrafo. "Festa de Natal em Família" se reduz a "Festa".

Nesse ponto costumo usar pequenas fichas brancas, que podem ser adquiridas em qualquer papelaria. Após ter escrito o discurso e feito sua leitura em voz alta, vou fazendo o resumo nas fichas. Repito esse processo algumas vezes, sempre reduzindo a quantidade de palavras-chave até chegar a uma única ficha. Ao longo do processo vou treinando o discurso de forma que, ao final, tenho tudo o que necessito para fazer o discurso em somente uma ficha.

Use notas de figuras e símbolos

Se o seu cérebro retém melhor imagens ou símbolos, use-os. Embora imagens e símbolos possam levar mais tempo para serem construídos, eles podem conectar rapidamente sua mente ao seu conteúdo. Assim como com as palavras-chave, você pode reduzir suas imagens a uma por ponto e depois visualizá-las enquanto fala.

Discuta com outras pessoas

Discutir seu conteúdo com outras pessoas vai te forçar a falar de maneira coloquial, ter clareza e dizer as coisas de maneira um pouco diferente a cada vez.

> A voz humana é um dos mais poderosos instrumentos existentes: cria inovações, derruba regimes, promove a justiça, enaltece o amor ou cria realidades.

Experimente o Método do Caminho

Atribua partes de seu discurso a diferentes objetos físicos em um caminho e, em seguida, pratique essas partes enquanto percorre esse caminho. Isso ajuda você a visualizar a jornada enquanto faz seu discurso.

Incorpore gestos e espace sua prática

Mova-se com adereços

Auxílios visuais e adereços são uma maneira eficaz de apoiar e complementar qualquer discurso ou apresentação. Os recursos visuais e adereços devem ser coloridos e únicos, mas não tão deslumbrantes que prejudiquem a presença do orador. Nunca use recursos visuais e adereços como forma de evitar contato visual ou interação com o público, como ler diretamente dos slides.

O movimento combinado com adereços pode tornar um discurso inesquecível para você e para o público. Sua interação com o adereço, mesmo apenas segurando uma imagem, torna sua apresentação mais concreta e pode adicionar emoção, drama e significado às suas palavras.

Use gestos para conectar o conteúdo com a memória

Vários estudos mostram um efeito positivo do uso de gestos para codificar memórias, recuperá-las e decodificar informações para o ouvinte. Gestos espontâneos e não planejados podem aprimorar sua fluência, e gestos definidos e específicos podem aprimorar a memória. Os gestos devem fluir naturalmente enquanto você fala. Pratique e grave a si mesmo para encontrar a melhor maneira de utilizá-los.

Pratique a repetição espaçada

Tentar se concentrar em sua prática logo antes de fazer um discurso é mais demorado do que espaçar sua prática. A repetição espaçada (ou prática distribuída) aumenta a retenção melhor do que a prática concentrada. O quanto você espaça sua prática repetida depende de quanto tempo você tem antes de fazer seu discurso e se fará o discurso novamente. Se você estiver fazendo o discurso novamente, pode praticá-lo semanalmente e depois mensalmente.

Durma!

A formação da memória de longo prazo é uma função importante do sono. Uma boa noite de sono pode ajudar a consolidar seu discurso na mente. Por outro lado, se você estiver privado de sono, quando estiver tentando aprender (ou fazer) seu discurso, não poderá concentrar a atenção de maneira ideal.

Treine com um pequeno público

Os treinos com plateia, ou seja, com pessoas convidadas para assistir seu desempenho, merecem alguns cuidados. Nos primeiros treinos, convide colegas muito próximos ou subordinados de sua equipe. Steve Jobs treinava à exaustão suas apresentações, inicialmente sozinho, depois com a equipe mais próxima e depois com um público mais amplo.

Pratique, pratique e pratique mais um pouco. Não tome nada como certo. Revise cada slide, cada história e cada mensagem principal. Você deve saber exatamente o que vai dizer, quando vai dizer e como vai dizer.

Não existe "talento natural" para se apresentar em público. Steve Jobs foi um apresentador extraordinário porque investiu tempo em desenvolver essa habilidade. "A pesquisa sugere que, uma vez que um músico tenha habilidade suficiente para entrar em uma escola de música de ponta, o que distingue um artista de outro é o quão duro ele ou ela trabalha. É isso. E mais, as pessoas no topo não trabalham apenas mais ou muito mais do que todos os outros. Eles trabalham muito, muito mais."[90] Embora a observação que Malcom Gladwell faz em *Outliers* se aplique especificamente a músicos, uma grande quantidade de pesquisas sobre desempenho máximo mostra que a prática é o fio condutor entre todos os indivíduos que se destacam em uma determinada tarefa.

Grave sua apresentação. Você pode usar o celular para isso. Não é necessário gravar tudo. Os primeiros cinco minutos já devem fornecer muitas informações importantes. Procure linguagem corporal inadequada, tiques ou vícios de linguagem, tais com "é", "né", "ah", "ahã", "uhm" etc. Quando possível, revise o vídeo com outra pessoa.

O segredo das apresentações de alto impacto é o constante refinamento. Para isso, é necessário que o apresentador esteja sempre pedindo *feedback* e ajustando seu conteúdo para que ele esteja cada vez mais alinhado às necessidades da audiência e para que o apresentador consiga entregar a mensagem de forma adequada.

Sempre procure pedir e receber *feedbacks*. Eles são um presente para você melhorar sua apresentação e tornar sua mensagem mais adequada e impactante para o público.

Você também pode se apoiar nos clubes Toastmasters para fazer seus treinos. Em todas as reuniões, existe um momento para que os discursos sejam avaliados pelos membros mais seniores. Adicionalmente, você recebe *feedback* também dos outros mem-

---

90. GLADWELL, M. **Outliers**: The Story of Success. New York: Back Bay Books, 2011.

bros do clube que estão assistindo você. Há clubes Toastmasters especializados em dar *feedback* para os discursos lá apresentados. Conte com o Toastmasters nessa jornada!

A figura a seguir apresenta um resumo do método prático para internalizar o discurso.

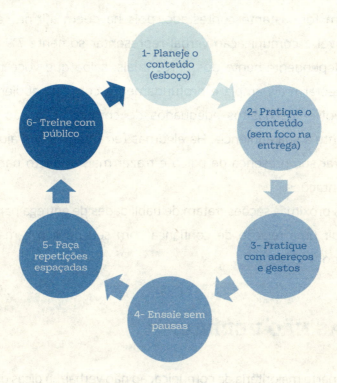

Figura 3: Como internalizar o seu discurso.

PRESENÇA DE PALCO

Quando se fala em apresentações, Steve Jobs foi uma referência: sua presença de palco, a estrutura narrativa que apresentava, o impacto que gerava na audiência. Em suas apresentações nunca faltava um clímax. Eram momentos muito impactantes e marcantes, organizados de maneira a deixar muito claramente a mensagem principal na cabeça da audiência.

Um estudo da Universidade da Califórnia (UCLA)[91] concluiu que 93% da comunicação é não verbal. Assim como muitos estudos, esse também foi bastante contestado, pois há quem afirme ser inacreditável a comunicação verbal representar somente 7% do total. Independentemente dos percentuais, saiba que você poderá se conectar mais ampla e profundamente com sua audiência se desenvolver os hábitos adequados de comunicação não verbal em frente a sua audiência. Há algumas ferramentas que ajudam a melhorar sua presença de palco e trazer mais impacto para suas apresentações.

As próximas seções tratam de habilidades de entrega para você construir uma relação de confiança com seu público e mantê-lo engajado.

DICAS NÃO VERBAIS

Sendo parte majoritária da comunicação não verbal, há dicas que podem ajudar você a se conectar melhor com o público:

- Sorria;
- Esteja aberto ou aberta;

---

91. MEHRABIAN, A.; FERRIS, S. R. Inference of atitudes from nonverbal communication in two channels. **Journal of Consulting and Clinical Psychology**, v. 31, n. 3, p. 248-252, 1967. Disponível em: https://psycnet.apa.org/doiLanding?doi=10.1037%2Fh0024648. Acesso em: 4 ago. 2023.

- Equalize seu território;
- Mapeie a audiência.

Sorria

A forma mais simples e direta que você tem de se conectar com o público é por meio do sorriso. O início da apresentação costuma ser o momento em que o orador está mais nervoso. É quando seu público está se perguntando "Por que vou assistir essa pessoa?", e nesse momento pode ser criado um fosso intransponível entre audiência e apresentador. A primeira ferramenta a ser usada para quebrar essa combinação explosiva é o sorriso. Sorria antes mesmo de dizer uma só palavra.

Parece simplista, mas muitos apresentadores estão tão preocupados com seus conteúdos e como vão entregá-los que a primeira coisa que abandonam é o sorriso. Quando você conhece alguém, não se apresenta com um sorriso? O mesmo princípio funciona nesse caso. Quando se encontrar com sua audiência, sorria, e lembre-se de sorrir ao longo de sua apresentação, calibrando os momentos em que isso for adequado. Seu sorriso deve ser natural!

Esteja aberto ou aberta

Você já prestou atenção em uma pessoa com a postura fechada? Como você se sente quando encontra alguém que o recebe ou conversa com você com os braços cruzados? Ou então se inclina para trás na cadeira de forma desinteressada quando conversa com você? Ou, pior ainda, que fica mexendo no celular e não olha em sua direção quando você está falando! Acredite ou não, muitos apresentadores fazem isso ao ficar atrás de um púlpito ou uma mesa. Qualquer objeto que fique fisicamente entre você e seu público vai impedir uma conexão mais profunda como você gostaria.

Talvez nesse momento você se lembre dos grandes discursos históricos ou de apresentações empresariais mais formais nas quais os líderes falam atrás de um púlpito. Elas são parte do passado! Hoje, em tempos de mídias sociais e comunicação rápida, esse tipo de barreira pode impedir uma comunicação ágil e conectada com o público. Sendo assim, esteja aberto ou aberta para a sua audiência!

Equalize o território

Em 2018, fui aceito como um dos instrutores de uma nova certificação que havia sido criada pelo Banco Mundial em conjunto com o Banco Interamericano de Desenvolvimento no Brasil. Ao longo daquele ano, ministrei dez turmas do treinamento para a certificação CP³P, sigla para Certified Public-Private Partnership Professional. Na maioria das turmas que ministrei, as avaliações que recebi me davam notas superiores a 90%, sempre entre ótimo e bom.

Na primeira turma, essa não foi a nota que recebi de um pequeno grupo. Sempre procurei, ao ministrar os treinamentos, utilizar essa técnica de "Equalizar o Território", dividindo a atenção de forma igual pela turma. Naquele caso em particular, havia uma parte da turma com alunos bem pouco participativos. Como eu não estava conseguindo ter muita interação com eles, inconscientemente acabei por não dividir igualitariamente minha atenção para aquela parte da sala. Ao receber a avaliação final do curso, recebi notas piores justamente dos alunos que estavam localizados naquela porção da sala. Nas turmas seguintes corrigi esse problema e recebi excelentes avaliações após os treinamentos ministrados.

Uma técnica simples a ser utilizada nesse caso é dividir a sala em quatro partes e distribuir igualmente sua atenção com a audiência entre esses quadrantes da sala. No começo pode ser um pouco difícil, mas se você praticar e desenvolver o hábito verá que com o tempo fará isso naturalmente e, logo, se perceberá procurando por todos os olhares do seu público, que estará ávido para se conectar com você.

Mapeie a audiência

Mapear sua audiência se refere ao uso do seu contato visual. Nesse caso é importante você distribuir seu olhar entre o público. Não fique olhando somente para uma pessoa, senão as pessoas terão a sensação de que você fez sua apresentação para ela. Escaneie sua audiência enquanto fala, distribuindo seu contato visual. Olhe nos olhos de alguém e repita o processo com outra pessoa próxima, de forma que elas se sintam parte do processo. Garanta que cada parte da sala, o pessoal da frente, de trás, todos estejam conectados contigo através do olhar. Em grupos pequenos, com menos de cinquenta pessoas, você deve conseguir olhar para todas as pessoas ao longo de sua apresentação.

Aprendi com T. Harv Eker, em Millionaire Mind Experience, um treinamento que ocorreu em São Paulo, em 2019, para mais de mil pessoas, que você deve dividir o público em quadrantes, como na técnica anterior, e olhar para cada um dos quadrantes, seja em sentido horário ou anti-horário, de forma que todas as pessoas tenham a sensação de estarem incluídas em seu processo de escaneamento visual.

A chave é usar os olhos para que os membros do público sintam que você está falando diretamente com cada um deles.

Escanear a audiência a mantém engajada, envolvida e confiante. Contudo, você não deve buscar essa conexão 100% do tempo. É importante alternar com a conexão em somente uma pessoa, principalmente quando você quiser reforçar uma mensagem. Assim, você reforça a mensagem e depois retorna ao processo de conexão visual.

A voz que inspira confiança

Você, sem dúvida, já ouviu muitos oradores de diferentes níveis de habilidade ao longo dos anos. Alguns deles são bem maçantes. Nessas horas eu me lembro das aulas de cálculo durante a graduação na Unicamp, com muitos professores falando um portunhol que eu não conseguia entender na época.

Talvez a maioria dos apresentadores que você assistiu tenham sido aceitáveis. Eles fizeram o básico. Mas, de tempos em tempos, você provavelmente ouviu alguma apresentação e pensou *Uau!* e se conectou com cada palavra do orador. O que te fez reagir dessa forma? Seria pela variedade vocal do palestrante e seu nível de expressividade no palco?

A voz é uma ferramenta chave nesse processo de inspirar e envolver a audiência. Para impactar o público, sua voz deve ser clara, natural e expressiva. Há uma certa forma de arte em como os oradores de impacto dizem o que dizem. Isso se chama "variedade vocal". Apresentadores devem demonstrar entusiasmo em suas apresentações. Um discurso absolutamente regular, sem variações de tom e melodia, é capaz de entediar a audiência em pouco tempo, por melhor que seja o conteúdo.

A variedade vocal possui importantes elementos que farão um orador alcançar o impacto desejado, tal como abordado em *Superapresentações*, de Joni Galvão e Eduardo Adas:[92]

---

92. GALVÃO, J.; ADAS, E. **Super apresentações**: como vender ideias e conquistar audiências. São Paulo: Panda Books, 2018.

↘ Ênfase;

↘ Ritmo;

↘ Tom de voz;

↘ Volume;

↘ Silêncio.

Ênfase

Independentemente de quão hábil seja um orador, a mente dos participantes do público vai vagar. Tudo bem, principalmente se as pessoas estiverem pensando a respeito do que o apresentador acabou de falar. Contudo, quando você chega às partes mais importantes do discurso, é crítico enfatizá-las. Uma forma de fazer isso é colocando ênfase nas palavras e frases que importam mais.

Parafraseando George Orwell e fazendo uma adaptação livre, todas as palavras são iguais, mas algumas são mais iguais que outras. Em cada frase que você diz, algumas palavras são mais importantes do que outras e precisam ser enfatizadas. Esse é um propósito fundamental da variedade vocal.

O que torna uma palavra mais importante do que outra? Tudo se resume ao significado para a mensagem que você está transmitindo.

Em uma mesma sentença, a ênfase em uma ou em outra palavra pode mudar sua mensagem. Como você pode enfatizar suas palavras e frases? Você pode mudar a ênfase de cada palavra à medida que fala, buscando evidenciar o ponto de interesse naquela informação. Observe: "**Eu** fui ao clube Toastmasters em São Paulo", "Eu **fui** ao clube Toastmasters em São Paulo", "Eu fui ao **clube** Toastmasters em São Paulo" ou "Eu fui ao clube Toastmasters em **São Paulo**". Percebe a diferença?

Há outras formas de enfatizar as palavras. Se você estiver falando rápido, diminua a velocidade e fale a frase ou palavra importante ainda mais devagar. Se você estava falando devagar, fale bem alto a frase ou palavra que deseja reforçar. Se você estava se movimentando, pare, pause e então fale sua frase. Ao ver você alterar a maneira como estava agindo, sua audiência irá pensar: "Ele vai falar algo importante!".

Em resumo, identifique quais são as frases ou palavras mais importantes em sua apresentação e deliberadamente pratique enfatizá-las, caso contrário sua plateia vai se desconectar de você.

Ritmo

Em conversas normais, você já percebeu que ficou empolgado e começou a falar mais rápido? Ou, por outro lado, quando estava sentindo-se um pouco desmotivado, começou a falar mais devagar? Se nos comportamos dessa forma em conversas regulares, devemos de alguma forma também trazer essa variação de ritmo para nossas apresentações. Discursos são como conversas alargadas.

O que determina qual deveria ser a velocidade de um discurso? Se as pessoas não costumam comentar sobre a rapidez nem sobre a demora de sua fala, faça seu discurso em velocidade normal. Mas se você ouve com frequência comentários sobre a velocidade de sua fala, treine um discurso mais rápido ou mais lento, buscando alcançar um ritmo normal. Falar muito rapidamente pode dificultar o entendimento e gerar ansiedade na plateia, mas falar devagar pode entediar o público. Em alguns momentos, você pode fazer breves pausas para ressaltar algum trecho importante.

Tom de voz

É importante que haja coerência entre o tom de voz do apresentador e o seu conteúdo. Ninguém consegue mostrar indignação falando docemente e não é possível demonstrar controle de uma situação usando uma voz esganiçada. Ao definir o conteúdo da apresentação, certifique-se de que seu tom de voz está coerente com sua mensagem.

Você aumenta o tom de voz quando está conversando de forma animada com um amigo sobre uma viagem que adorou fazer? Você não deveria ser diferente só porque está diante de uma plateia. Haverá momentos em que você vai querer acalmar a plateia e fazer com que reflita profundamente sobre algo que acabou de dizer. Talvez você comece com a palavra mágica: "Imagine..." Ao reduzir o tom de voz, você causa um efeito de relaxamento e ajuda a audiência a entrar em um modo contemplativo. Esse recurso pode ser utilizado quando você estiver aplicando a Fórmula PAR.

Volume

Quão alto ou baixo você fala em suas apresentações? A prática me mostrou que o melhor é variar de um extremo a outro na maioria das vezes. Vá de um volume baixo a uma voz entusiasmada a um sussurro. Todos os tons vão te ajudar a manter a atenção da audiência.

Considerando que seu objetivo é ser ouvido e passar confiança para a plateia, esqueça a discrição e fale com boa impostação de voz. Para chamar a atenção do público para determinadas partes de seu discurso, experimente variar o volume – tanto falas mais altas quanto mais baixas se destacam frente ao restante da apresentação. Mesmo que você esteja usando o microfone, não seja muito suave a apresentação inteira.

É melhor se distanciar um pouco do microfone e falar mais alto do que mantê-lo próximo à boca e falar como se estivesse em uma conversa corriqueira. Dificilmente um apresentador transmitirá paixão e entusiasmo falando baixo.

Em 2022, tive a oportunidade de representar o Banco Interamericano de Desenvolvimento na Bolsa de Valores (B3) em São Paulo, em um projeto que concluímos depois de três longos anos de trabalho. Fiz um discurso que tinha por objetivo agradecer aos parceiros e ao nosso cliente, um importante município de Minas Gerais, pela oportunidade de estruturarmos uma parceria público-privada na área de iluminação pública. Na ocasião, usei essa técnica de me aproximar e me distanciar do microfone quando queria enfatizar partes do discurso e me conectar com a audiência. Quando eu usava a frase assinatura, eu me aproximava do microfone, e nas outras partes do discurso eu me afastava, causando assim um efeito de reforço quando trazia a mensagem principal, que era de agradecimento.

Silêncio

Talvez essa seja a ferramenta mais importante dentre todas ligadas à entrega de uma apresentação. Barack Obama é mestre na utilização das pausas dramáticas em seus discursos. Se você desejar aumentar ainda mais o impacto de suas apresentações, faça pausas e silencie frequentemente. Mas quando você deveria usar pausas poderosas e períodos de silêncio? As pausas colocadas em locais adequados são capazes de tornar excelente uma boa apresentação.

Se você estiver usando humor e contando uma piada, é eficaz fazer uma pausa antes de terminar de contá-la – isso cria antecipação e curiosidade. Da mesma forma, uma pausa após a piada dá ao ouvinte a chance de aproveitar a piada e rir alto e por muito tempo.

Você também pode fazer uma pausa para dar aos membros da plateia a chance de pensar sobre algo que você acabou de dizer. Se você fez o que espera ser uma declaração profunda, dê a eles a oportunidade de assimilar a informação.

Se você fizer a pergunta: "Você gostaria de ter uma comunicação mais profunda e impactante?", dê ao público a chance de responder. Se as respostas forem um "sim" ou "não" coletivo, sua pausa será curta. Se a sua pergunta requerer uma resposta mais longa, espere um pouco mais antes de continuar.

Além disso, você pode usar uma pausa para fazer a transição para um novo tópico. Os membros da audiência, enquanto ouvem você, avaliam suas palavras no contexto da palestra. Uma pausa alerta o público sobre uma possível mudança no contexto de sua apresentação.

Enfim, as pausas permitem definitivamente que sua plateia prove, saboreie e assimile o que você acaba de dizer antes de trazer seu próximo argumento. Não fazer as pausas adequadas é como dar comida para uma pessoa que já está cheia. Assim, é importante lhes dar uma pausa e permitir que digiram o que acabaram de aprender.

Nas reuniões dos clubes Toastmasters, há vários momentos em que os membros podem praticar as pausas. Um dos voluntários na reunião apresenta o relatório do *Contador de "és"*, indicando quantas repetições, "ahs", "és", entre outros, foram utilizados pelos oradores. Assim, à medida que os membros tomam consciência desses vícios de linguagem, aprendem que o bom uso das pausas é a melhor maneira de combater os maneirismos.

Gesticulação

O corpo pode ser uma ferramenta eficaz para adicionar ênfase e clareza às palavras do orador. Também pode ser um instrumento poderoso para convencer o público sobre a sinceridade, a paixão e o comprometimento do palestrante.

O público baseia seu julgamento quanto a um orador e à sua mensagem no que vê e ouve. A postura do apresentador, suas expressões faciais, seus gestos com as mãos, efetivamente o movimento de todo o corpo, comunicam mais ao público do que as palavras que foram ditas.

Qual é a diferença entre um discurso memorável e um que é rapidamente esquecido? Pesquisadores dizem que os gestos com as mãos são fundamentais para responder a essa questão.[93]

Palestrantes devem se esforçar para transmitir confiança e experiência por meio de sua presença de palco. Mensagens não verbais – a famosa linguagem corporal – são uma parte fundamental da fala em público e têm sido um tópico importante de pesquisa. O que há nos gestos e na postura de um palestrante que fazem o público passar de indiferente a engajado?

Alguns especialistas estudaram os efeitos da linguagem corporal. Vanessa van Edwards, David JP Phillips e Jesse Scinto passaram anos analisando o impacto da linguagem corporal nos discursos. Van Edwards pesquisa o comportamento humano, a comunicação e a ciência dos relacionamentos e fez uma palestra sobre o assunto no TEDxLondon, "You Are Contagious".[94]

Quando Van Edwards começou a estudar os fatores que separavam as TED Talks virais de outras TED Talks menos populares, ela descobriu que a linguagem corporal e os comportamentos não verbais desempenhavam um papel fundamental em como as mensa-

---

[93]. ZIELINSKI, D. The Power of Body Language. **Revista Toasmasters**, set. 2020. Disponível em: https://www.toastmasters.org/magazine/magazine-issues/2020/sept/the-power-of-body-language. Acesso em: 4 ago. 2023.
[94]. VANESSA van Edwards. You are Contagious. 2017. Vídeo (18min16s). **TEDx Talks**. Disponível em: https://www.youtube.com/watch?v=cef35Fk7YD8&t=3s. Acesso em: 4 ago. 2023.

gens dos palestrantes ressoavam com o público. Em seu estudo, ela verificou que as TED Talks com classificação mais baixa tiveram uma média de 124 mil visualizações e os palestrantes usaram uma média de 272 gestos com as mãos durante suas palestras de 18 minutos. Mas as TED Talks mais bem avaliadas tiveram uma média de 7,3 milhões de visualizações, nas quais os palestrantes usaram uma média de 465 gestos com as mãos.

Vanessa van Edwards afirma que os palestrantes TED Talk que usam mais gestos pensam de forma inconsciente da seguinte maneira: "Eu conheço meu conteúdo tão bem que posso falar com você por dois caminhos diferentes: posso falar com minhas palavras, mas também posso explicar meus conceitos com as mãos".

As pessoas vão concluir por meio de sua linguagem corporal se podem ou não confiar em você e no seu conhecimento. Gestos contidos e artificiais farão com que você seja avaliado como inseguro ou insegura. Movimentos mais amplos sugerem segurança e abertura.

Em *Apresentações Convincentes*, Nancy Duarte[95] sugere que, para usar sua expressão física ao máximo, você deve:

- **Distanciar-se fisicamente de seus slides**. Se você der as costas para a plateia para olhar seus slides, vai acabar criando uma barreira. É fundamental que as pessoas estejam prestando atenção em você na maior parte do tempo.
- **Exagerar seus movimentos.** Preencha o espaço, especialmente se estiver em uma sala grande. Adote o mesmo gestual que usaria caso estivesse em uma

---

[95]. DUARTE, N. **Apresentações convincentes**. Tradução de Marcelo Schild. São Paulo: Sextante, 2018. p. 165-166.

conversa pessoal, fazendo com que sejam nítidos e deliberados.

↘ **Sincronizar os gestos com o conteúdo.** Gestos devem complementar ou enfatizar o que você está dizendo. Se você for falar, por exemplo, de uma grande ideia, não deve usar um gesto com as mãos que mostre algo pequeno, mas sim mostrar com os braços que se trata de algo grande.

Adicionalmente, Craig Valentine[96] sugere que os gestos sejam naturais. Há dez aspectos que devem ser considerados ao usar os gestos:

↘ **Não use os mesmos gestos indefinidamente**. Esse hábito pode distrair sua audiência e ficar caricato.

↘ **Preste atenção em sua posição de descanso**. Essa é a posição em que suas mãos ficam quando você não está fazendo nenhum gesto. Cuidado, pois se você as colocar nos bolsos, por exemplo, pode passar uma imagem de insegurança e desconforto.

↘ **Não se movimente o tempo inteiro**. Se você estiver se movimentando o tempo todo, quando precisar fazer um movimento com intenção, sua audiência não vai perceber.

↘ **Use os gestos dos personagens de suas histórias**. Tenha em mente que falar é usar histórias cativantes para estabelecer seu argumento. Cada história tem

---

[96]. VALENTINE; MEYERSON, 2015, p. 119-120.

seus personagens próprios e talvez cada um deles tenha seus gestos. Pense sobre isso quando contar suas histórias.

- **Deixe as emoções guiarem você**. As emoções em sua história e em seu argumento conduzirão seus movimentos. Se você estiver verdadeiramente envolvido enquanto conta sua história ou apresenta seus argumentos, os gestos virão naturalmente.
- **Use as mãos com as palmas abertas**. Se você quer demonstrar uma posição amistosa para seu público é melhor mostrar as palmas das mãos do que apontar o dedo indicador.
- **Use gestos em 360º**. Muitos apresentadores só gesticulam para a frente ou para o lado. Se você quiser se destacar, lembre-se de toda a área que o cerca. Usá-la permitirá que você amplie seu espectro de gesticulação e poderá trazer maior impacto para as suas histórias.
- **Use gestos maiores para audiências maiores**. Não confunda o público com o tamanho de seus gestos.

RECURSOS VISUAIS

Os recursos visuais ajudam a audiência a entender e recordar o que foi dito. Como as pessoas se recordam melhor do que veem e ouvem simultaneamente, os recursos visuais são ferramentas poderosas para um orador.

Os recursos visuais mais populares são os baseados em computador, retroprojetor com transparências, *flipcharts*, quadros brancos e adereços. O tipo de recurso visual que você vai escolher depende de vários fatores, incluindo as informações que deseja exibir e o tamanho de sua audiência. Os recursos visuais devem ser adequados à sua mensagem e à audiência, e corretamente exibidos com facilidade e confiança.

Para que funcionem bem, os recursos visuais devem ser fáceis de ler e compreender, além de serem agradáveis. Para quaisquer tipos de recursos visuais que estiver criando ou usando, considere as seguintes diretrizes:

- Torne-os visíveis;
- Limite cada recurso visual a somente uma ideia ou ponto;
- Use poucas linhas de texto e poucas palavras por linha por recurso visual;
- Mantenha-os simples;
- Use cores com cuidado;
- Faça-os consistentes;
- Use diferentes tipos de recursos.

O uso de slides

Dentre os recursos audiovisuais disponíveis, o mais utilizado pelos mais diversos profissionais é a apresentação de slides. Para muitos, a própria palavra evoca memórias sombrias de colegas lendo monotonamente "bullets" enquanto todos esperam que a reunião termine. Com o advento dos smartphones, o público de hoje ficou muito menos tolerante a apresentações longas e entediantes.

Ano passado, recebi uma ligação de um antigo colega do Toastmasters. Trabalhamos juntos uns anos atrás e ele também foi membro de um de nossos clubes no Rio de Janeiro. Ele me disse o seguinte: "Acabei de assumir uma posição executiva em uma empresa de tecnologia na área de pré-vendas para o mercado do Canadá. Em três semanas, estou indo para lá e vou fazer uma apresentação em inglês para a equipe que vai trabalhar comigo. Já tenho a apresentação pronta. Estou procurando alguém para me ajudar a dar uma melhorada no material e causar uma boa impressão".

Esse é um erro clássico que acontece nas organizações. As pessoas começam a estruturar suas apresentações fazendo slides. Nesse caso, o meu colega tinha uma apresentação que era usada pela equipe de vendas, mas o que ele realmente queria era entregar uma mensagem de liderança, incitando a equipe a se conectar com eles. Para tanto, ele precisava estabelecer uma relação de confiança com pessoas de outra cultura, que ele não conhecia, em uma nova empresa. Não era somente um conjunto de slides que o faria alcançar esse objetivo.

Depois de anos aprendendo e me desenvolvendo na oratória, tive a oportunidade de adquirir no Toastmasters uma nova habilidade: treinador de apresentações. Recebi formação de Craig Valentine e mais recentemente de Darren LaCroix, dois grandes treinadores de treinadores nos Estados Unidos.

No caso desse colega, trabalhamos em quatro sessões o conteúdo para que ele pudesse fazer sua apresentação no Canadá. Havia um desafio importante nesse caso, pois ele não tinha margem para fazer grandes alterações na apresentação que já existia. Procuramos definir a linha mestra de sua mensagem, elementos de conexão, mensagem principal e como se conectar para criar uma relação de confiança com seus novos subordinados. Apesar das restrições, ainda assim fizemos algumas melhorias nos slides, removendo muitas palavras e trocando-as por imagens. Em dezembro de 2022, ele fez a apresentação e foi um sucesso! Recebeu várias felicitações dos chefes. Assim, ele pôde começar seu novo desafio com o pé direito.

Apresentações não são somente sobre compartilhar informações. Vídeos, relatórios, infográficos e outras mídias podem entregar esse resultado com muito mais eficiência. A razão pela qual nos encontramos com pessoas reais em lugares reais e fazemos palestras ao vivo é porque essa ainda é a maneira mais eficaz de construir confiança e criar conexões emocionais.

Uma apresentação bem-feita pode influenciar, persuadir e inspirar com muito mais força do que qualquer quantidade de dados, fatos ou lógica. O PowerPoint permite apresentar fatos e dados relevantes e demonstrar por que eles são importantes. O conjunto de slides não é a apresentação – você é. O público está lá para se conectar com sua paixão, sua linguagem corporal, sua personalidade, sua espontaneidade e presença. Os slides são úteis apenas na medida em que aprimoram você e sua mensagem.

Quando for fazer uma apresentação e desejar causar impacto, faça por um momento uma reflexão e se pergunte: "O PowerPoint é a melhor ferramenta para comunicar a minha mensagem?". Hoje ele é o principal formato de apresentação em grande parte das organizações porque é simples de usar e familiar. Esses pontos fortes também o tornam previsível e fácil de esquecer.

Em março de 2011, Steve Jobs apresentou o novo iPad2. Nesse momento, recomendo que você assista essa apresentação no YouTube. Você notará que Jobs não sobrecarregou os slides com conteúdo irrelevante. Cada slide tinha um tema. Veja os sete primeiros slides. A apresentação de Jobs continha muito menos palavras do que a maioria dos apresentadores exibe em apenas um slide.

Veja que não sou contra o uso de slides para acompanhar a apresentação, mas um desafio que faço a você nesse momento é a respeito de ser a liderança que se comunica verdadeiramente de uma forma a tocar mentes e corações.

Você pode, sim, criar impacto com slides simples, mas cativantes, que podem reforçar um argumento, evocar emoções, ajudar na compreensão de um material complexo e transmitir visualmente o que as palavras não conseguem.

Mas acredito que sempre é possível melhorar slides colocando menos coisas neles. Muito conteúdo dilui a mensagem. Para criar valor para o público, você precisa fazer o trabalho difícil de encontrar o que é essencial em sua mensagem e nada mais.

Use o mínimo de palavras possível, de preferência não mais do que cinco ou seis por slide. Se você tiver grande quantidade de dados para compartilhar, use um folheto ou envie um arquivo por e-mail em vez de colocar tudo no slide. Procure imagens nítidas e memoráveis que apoiem sua mensagem. Use os bancos de imagens.

Vá além dos tradicionais gráficos de barras e pizza. Se você quiser mostrar que 25% de uma floresta queimou em um incêndio, um mapa mostrando 25% representados por chamas é mais memorável do que um gráfico de pizza simples. Os recursos visuais ajudam a mudar o ponto de vista do público de somente entender sua mensagem para senti-la e, a partir daí, querer agir de acordo com ela.

Use seus slides como um ponto de partida explicar conceitos complexos que facilite a compreensão da audiência. Nunca os utilize como uma muleta para você. Se os seus slides estiverem poluídos e você tiver distribuído folheto de apoio, sua audiência vai ficar perdida sem saber o que acompanhar. Nesse momento, o público se desconecta de você.

Uma apresentação bem-feita pode influenciar, persuadir e inspirar com muito mais força do que qualquer quantidade de dados, fatos ou lógica.

As apresentações devem ser baseadas em fatos, mas você precisa conectar esses fatos às preocupações da vida real do seu público para que eles sejam importantes. Só então sua apresentação poderá causar um impacto.

CONTROLE O MEDO DE FALAR EM PÚBLICO

Antes de começar sua apresentação, seu coração dispara? Você sua como nunca? E sua boca fica seca e sua respiração ofegante? Isso é a reação do seu corpo ao estresse que está por vir. É como se seu corpo estivesse dizendo para você fugir, pois sua mente considera a plateia como uma ameaça: as pessoas podem te julgar, desafiar ou resistir a você.

Talvez você tenha medo, pois sabe que uma apresentação não pode ser desfeita. Ela acontece ao vivo e a cores. Um pouco de medo pode ser bom, mas não deixe isso dominar você. Com preparação e persistência, você pode contornar esse medo.

Uma vez que você preparou e praticou seu discurso, relaxe. O nervosismo é comum em todos os oradores, independentemente de sua experiência. Na verdade, você pode colocar essa energia do nervosismo no trabalho ao utilizá-la para adicionar entusiasmo à sua entrega. Ninguém vai notar um leve tremelique em sua voz, e isso vai desaparecer conforme você se envolver com o que está dizendo.

Os passos seguintes podem ajudá-lo a lidar com esse nervosismo:[97]

---

[97]. SAWCHUK, C. N. Fear of public speaking: how can I overcome it? **Mayo Clinic**. Disponível em: https://www.mayoclinic.org/diseases-conditions/specific-phobias/expert-answers/fear-of-public-speaking/faq-20058416. Acesso em: 4 ago. 2023.

- **Conheça o seu tópico**. Quanto melhor você entender sobre o que está falando – e quanto mais se preocupar com o assunto – menor a probabilidade de cometer um erro ou sair do caminho. E se você se perder, poderá se recuperar rapidamente.
- **Organize-se**. Com antecedência, planeje cuidadosamente as informações que deseja apresentar, incluindo quaisquer adereços, recursos de áudio ou visuais. Quanto mais organizado você for, menos nervoso ficará. Use um esboço em um cartão pequeno para se manter no caminho certo.
- **Pratique e depois pratique mais um pouco**. Pratique sua apresentação completa várias vezes. Faça isso para algumas pessoas com quem você se sente confortável e peça *feedback*. Também pode ser útil praticar com algumas pessoas com quem você está menos familiarizado.
- **Visualize seu sucesso**. Imagine que sua apresentação irá bem. Pensamentos positivos podem ajudar a diminuir parte de sua negatividade sobre seu desempenho social e aliviar um pouco a ansiedade.
- **Faça algumas respirações profundas**. Isso pode ser muito calmante. Faça duas ou mais respirações profundas e lentas antes de subir ao pódio e durante o seu discurso.
- **Logo antes de falar, reoriente seu cérebro.**[98] Você está mais nervoso antes de falar. Esse é o momento

---

98. GERSHMAN, S. To overcome your fear of public speaking, stop thinking about yourself. **Harvard Business Review**, 17 set. 2019. Disponível em: https://hbr.org/2019/09/to-overcome-your-fear-of-public-speaking-stop-thinking-about-yourself/. Acesso em: 4 ago. 2023.

em que seu cérebro está dizendo: "Todo mundo está me julgando. E se eu falhar?". Lembre-se de que você está aqui para ajudar seu público. Seja firme com seu cérebro. Diga a si mesmo: "Esta apresentação não é sobre mim. Trata-se de ajudar meu público".

- **Concentre-se no seu material, e não no público**. Identifique as necessidades do público, tanto faladas quanto não faladas, e crie uma mensagem que atenda diretamente a essas necessidades. As pessoas prestam atenção principalmente às novas informações – e não em como elas são apresentadas. Eles podem não notar seu nervosismo. Se notarem, pode ser que inconscientemente torçam pelo seu sucesso.

- **Não tema um momento de silêncio**. Se você perder a noção do que está dizendo ou começar a ficar nervoso e sua mente ficar em branco, pode parecer que você ficou em silêncio por uma eternidade. Provavelmente sejam apenas alguns segundos.

- **Reconheça seu sucesso**. Após seu discurso ou apresentação, congratule-se. Pode não ter sido perfeito, mas é provável que você seja muito mais crítico consigo mesmo do que seu público. Veja se alguma de suas preocupações ocorreu. Olhe para os erros que você cometeu como uma oportunidade para melhorar suas habilidades.

- **Obtenha apoio**. Junte-se a um grupo que oferece apoio para pessoas que têm dificuldade em falar em público. Um recurso eficaz é o Toastmasters. Como membro, você poderá treinar várias vezes e receber *feedback* com base em uma metodologia já testada e aprovada, em um ambiente de confiança e apoio mútuo. Os clubes normalmente se reúnem a cada quinze dias. As reuniões possuem três partes: discursos preparados, discursos de improviso e avaliações de discursos. Há um método bem definido para a estruturação de discurso e o fornecimento de *feedback* para as atividades realizadas em uma reunião.

A ansiedade de falar em público sempre estará com você, mas você vai perceber com o tempo que terá um grande domínio sobre ela.

APRIMORE-SE

A melhor referência que você pode ter para avaliar sua apresentação é o resultado que ela gera. Se a partir de sua fala as pessoas ficam motivadas e passam a agir de forma a materializar a visão que você tem como líder, esse é um sinal importante de que você está sendo eficaz em seu discurso. Só que ainda assim tudo pode sempre ser melhor.

Você precisa melhorar continuamente como se estivesse aplicando o método Kaizen[99] em sua atuação como palestrante. O fracasso nunca chega sozinho. Ele costuma se aproximar dando pequenos recados. É uma apresentação mais vazia. São os sorrisos amarelos.

---

99. Kaizen é uma metodologia que preza pela melhoria contínua, seja ela pessoal, social ou profissional. Na indústria, ela se refere ao aprimoramento diário e constante, com o objetivo de aumentar a produtividade. O método nasceu no Japão pós-Segunda Guerra Mundial e foi ampliado e bastante difundido na Toyota.

Ou seus projetos que não são mais aprovados de forma entusiástica como antes.

Assista a grandes palestrantes e exímios comunicadores

Observar os grandes exemplos é uma excelente maneira de aprender constantemente. Você pode criar o hábito de assistir os TED Talks e procurar aprender não somente com o conteúdo entregue, mas também com a forma como cada um daqueles palestrantes se apresentam.

Você pode assistir aos *keynotes* das empresas de tecnologia e ver seus grandes líderes em ação. Até mesmo os políticos que você respeita e talvez até admira valem a pena serem assistidos.

Veja os grandes nomes e fique conectado com as tendências. Observe as pessoas criativas, adote ideias e atitudes que você achar marcantes para conseguir avançar em seu desenvolvimento pessoal. No começo, copie tudo aquilo que você acredita funcionar. Com o tempo, você será capaz de criar e propor novas formas de ação.

Monitore suas apresentações

Sempre que fizer suas apresentações, aprenda com sua experiência monitorando seu desempenho. Avalie com cuidado os comentários que você receber. Peça sempre *feedback*. Quando perceber que há abertura, peça um *feedback* mais específico. Todas essas informações podem ajudar você a melhorar.

Observe a reação não verbal das pessoas, é muito mais importante do que as palavras, pois com as palavras as pessoas podem ser gentis, mas em suas manifestações corporais elas mostrarão o que realmente sentiram com sua apresentação.

Sessão pipoca

Filme: *Jobs*

Em 1976, Steve Jobs abandona a faculdade e, junto com seu amigo Steve Wozniak, um gênio da tecnologia, inicia uma revolução informática com a invenção do Apple 1, o primeiro computador pessoal. A máquina, construída na garagem dos pais de Jobs, e a fundação da empresa Apple mudam o mundo para sempre. O filme retrata de maneira ficcional a biografia de Steve Jobs desde a fundação da Apple em sua garagem até seu retorno como presidente da empresa.

TED Talk: Como falar de uma maneira que as pessoas queiram ouvir, Julian Treasure

Você já sentiu que está falando, mas ninguém está ouvindo? Julian Treasure pode ajudar você através dessa palestra TED. Nela, o especialista em som demonstra como falar de maneira poderosa. Ele compartilha desde alguns exercícios vocais úteis a dicas sobre como falar com empatia.

Caso: Steve Jobs, fundador da Apple

Este é o dia que espero há dois anos e meio.
De vez em quando, surge um produto revolucionário que muda tudo, e a Apple tem sido – bem, em primeiro lugar, é muito afortunado se você trabalhar em apenas um deles em sua carreira. A Apple teve muita sorte. Foi capaz de introduzir alguns deles no mundo.

Assim é a forma que Steve Jobs anunciou o lançamento do iPhone no evento MacWorld.[100] Em 9 de janeiro de 2007, a PC World publicou um artigo que anunciava que a Apple "reinventaria o telefone"[101] com um novo dispositivo que combinava três produtos: um telefone celular, um iPod e um comunicador de internet. Esse produto era o iPhone. O iPhone, de fato, revolucionou a indústria e foi reconhecido pela revista *Time* como a invenção do ano. (Apenas dois anos após seu lançamento, no fim de 2008, o iPhone conquistou 13% do mercado de smartphones.) Na apresenta-

---

[100]. STEVE Jobs. Original iPhone Introduction – Apple Macworld San Francisco 2007. 2014. Vídeo (1h39min45s). **Steve Jobs Videos**. Disponível em: https://www.youtube.com/watch?v=zqwZWgiE698&ab_channel=SteveJobsVideos. Acesso em: 4 ago. 2023.
[101]. GALLO, C. **The Presentation Secrets of Steve Jobs**. Mc Graw Hill, 2010. p. 63.

ção feita por Jobs, ele diria que queria ter somente 1% desse mercado no fim de 2008.[102]

Por que estudar Steve Jobs? O cofundador da Apple foi um dos comunicadores mais cativantes do meio empresarial. Ninguém mais chegou perto dele. Uma apresentação de Jobs gerava uma enorme comoção com grandes doses de dopamina liberadas para quem tinha chance de assisti-lo. Eu me lembro de ter visto na televisão que, nas noites que antecediam os lançamentos de produtos, as pessoas passavam a noite em temperaturas congelantes para garantir o melhor lugar em um de seus discursos. Como consequência, seus discursos geravam enormes filas de consumidores ao redor do mundo, ávidos por comprar os produtos lançados nas convenções anuais da Apple.

Sobre o impacto das apresentações de Jobs em seu público, Carmine Gallo afirmou: "Assista a um keynote da Macworld – 'Stevenotes', como são conhecidos entre os fiéis do Mac – e você começará a reconsiderar tudo sobre suas apresentações atuais: o que você diz, como diz e o que seu público vê quando você diz".[103]

A apresentação do iPhone em 2007 é um dos momentos marcantes do retorno de Jobs à Apple após sua demissão. Em vários momentos, a audiência fica em êxtase e o aplaude longamente. Diferentemente de outros momentos de sua carreira, as palavras de Jobs são cuidadosamente escolhidas,

---

102. DIONNE JUNIOR; REID, 2017, p. 105-111
103. GALLO, 2010, p. 10.

sua gesticulação reforça a mensagem que ele deseja expressar e ele permite o regozijo da plateia nos momentos em que é aplaudido. Mas nem sempre foi assim.

Em 1980, a Apple havia sido fundada havia quatro anos e seu computador Apple II era um sucesso de vendas. A empresa trabalhava no que seria o sucessor desse computador. No YouTube é possível ver uma apresentação[104] que Jobs fez naquele ano, tratando de temas diversos.

Se você alguma vez já pensou: "Ah, mas o Steve Jobs era um gênio com habilidade natural para falar em público!", recomendo fortemente que assista a esse vídeo no YouTube e veja que Steve Jobs não foi sempre o gênio das apresentações inspiradoras e persuasivas. Nessa apresentação, Jobs é prolixo, gagueja, atrapalha-se com o uso do microfone, fala de forma complexa dos assuntos abordados, trata de muitos assuntos, demonstra nervosismo na gesticulação no início da apresentação. Além disso, Jobs não demonstra grande cuidado com sua imagem durante a apresentação como faria nos anos seguintes. Mas já é possível ver que o uso do humor estava presente desde o início. Assistir a esse vídeo de Steve Jobs vai te mostrar que treino e consistência é a chave para dominar as técnicas de apresentações persuasivas e inspiradoras ao longo do tempo.

---

104. STEVE Jobs rare footage conducting a presentation on 1980 (Insanely great). 2011. Vídeo (22min59s). Disponível em: https://www.youtube.com/watch?v=0lvMgMrNDlg.

Em 24 de janeiro de 1984, a Apple Computer lançaria o Macintosh. Dessa vez, Jobs faz uma apresentação[105] já bastante superior àquela que teria realizado quatro anos antes. De outra maneira, ainda de forma elementar, as principais características que tornariam as apresentações de Jobs célebres e disputadas em seu retorno à Apple estão ali presentes: simplicidade na comunicação de conceitos complexos, simplificação nas demonstrações de novos produtos, uso intenso do humor, conceitos de vilão *versus* herói, concessão de espaço para a audiência chegar ao êxtase com seus aplausos infindáveis.

Em 1985, Steve Jobs seria demitido de sua própria empresa em um movimento liderado pelo conselho da organização e por John Sculley, o executivo que anos antes Jobs havia trazido da Pepsi. Ele ficaria pouco mais de dez anos fora de sua empresa-mãe. Nesse período, ele fundaria a NeXT e a Pixar.

Em 1996, a Apple compraria a NeXT e Jobs retornaria como o presidente, posição que ele não havia ocupado anteriormente. A partir daí, Jobs faria uma revolução na empresa, descontinuando uma série de produtos que não tinham aderência com o consumidor e iniciando o lançamento de produtos com alto grau de inovação em série: iTunes, iPod, iPad, iPhone, entre outros.

---

[105]. THE Lost 1984 video: young Steve Jobs introduces the Macintosh. 2009. Vídeo (5min10s). Disponível em: https://www.youtube.com/watch?v=2B-XwPjn9YY.

"iPod. Mil músicas em seu bolso!"[106] Foi assim que Steve Jobs apresentou o iPod em 2001. Ninguém poderia descrever melhor o produto em linguagem mais concisa. Jobs poderia ter dito: "Hoje estamos apresentando um novo MP3 player ultraportátil com um peso de 200 gramas e um disco rígido de 5 GB, completo com a lendária facilidade de uso da Apple". É claro que Jobs não disse exatamente dessa forma. Ele falou que mil músicas caberiam em seu bolso.

O que mais haveria a dizer? Uma frase que conta a história e responde à pergunta: *Por que isso me interessa?* Essa introdução usada por Jobs foi memorável porque atendia a três critérios: era concisa, era específica (mil músicas) e oferecia um benefício pessoal (você poderia carregar as músicas no bolso).

Nesse ponto de sua história, Steve Jobs já havia se tornado o gênio das apresentações que o mundo conheceu.

Em 2005, quando já tinha identificado que estava com câncer no pâncreas, Steve Jobs aceitou algo que nunca havia aceitado em sua carreira. Fazer um discurso como paraninfo de um curso de graduação. Ele havia recusado inúmeros convites ao longo de sua vida profissional, mas aceitaria palestrar na Universidade de Stanford pela qual nutria grande admiração. Logo seu discurso se tornou uma sensação na internet.[107]

---

[106]. APPLE Music Event 2001-The First Ever iPod Introduction. 2006. Vídeo (9min12s). Disponível em https://www.youtube.com/watch?v=kN0SVBCJqLs&t=48s.

[107]. ISAACSON, Walter. **Steve Jobs**. Rio de Janeiro: Intrínseca, 2011.

Jobs usa nesse discurso muitas das técnicas que emprega em seus discursos como *keynote speaker* dos eventos anuais da Apple. O grande ausente, talvez, seja somente os slides. Recomendo a você, leitora ou leitor, que assista a esse famoso discurso de Jobs na internet.[108] Ele começa dizendo que vai contar somente três histórias: "Hoje, eu quero contar a vocês três histórias de minha vida. Nada demais. Somente três histórias". Essa é a técnica de sempre trabalhar em três pontos recorrentemente usada por ele. Com isso, ele aponta para a audiência um mapa do que vai acontecer em seu discurso. A estrutura do discurso é simples: abertura, três histórias e fechamento.

"A primeira história é sobre conectar os pontos". Nesse ponto do discurso, Steve Jobs conta a primeira de suas três histórias pessoais. Essa é sobre sua desistência de cursar a graduação em Reed Collegue após seis meses como aluno formal. Ele menciona que, ao abandonar o curso, teve medo, mas também foi aí que teve a oportunidade de fazer um curso de caligrafia, que se tornaria a base para introduzir o sistema de fontes de Mac, que posteriormente seria copiado pela Microsoft no Windows. Na prática, ele demonstra que essa decisão foi responsável por introduzir as fontes como as conhecemos hoje nos computadores pessoais. Assim, Jobs começa a conectar os pontos olhando para essa história em retrospecto.

---

108. STEVE Jobs. Stay hungry, stay foolish. 2008. Vídeo (15min4s). **Stanford**. Disponível em: https://www.youtube.com/watch?v=8Zx04h24uBs.

"Minha segunda história é sobre amor e perdas." Nesse ponto, Jobs fala sobre como se apaixonou por computadores aos 20 anos e compartilhou essa paixão com seu amigo "Woz".[109] Ele falou sobre a construção de uma empresa de 2 bilhões de dólares em dez anos e então, aos 30 anos, ter sido demitido pelo conselho de administração da Apple. Essa demissão mudaria toda a sua vida, traria-lhe maturidade para poder criar a Next, na qual construiria um computador que se tornaria a essência das futuras gerações de Mac e revolucionaria a indústria de desenhos animados, ao fundar a Pixar, criadora do Toy Story. Anos depois, Jobs voltaria como consultor, num primeiro momento, e CEO da Apple, para salvá-la e torná-la a empresa que conhecemos hoje.

"Minha terceira história é sobre morte." Essa frase começa a seção mais emocionante do discurso. Ele se lembra do dia em que os médicos lhe disseram que ele tinha câncer no pâncreas. Ele achava que tinha de três a seis meses de vida. O câncer acabou mostrando-se uma forma muito rara, mas naquele momento ele acreditava que a doença era curável. A experiência já teria deixado marcas importantes em Steve Jobs.

> Seu tempo é limitado, então não o desperdice vivendo a vida de outra pessoa. Não fique preso ao dogma – que é viver com os resultados do pensamento

---

[109]. Stephen Wozniac: "A estrela nerd da eletrônica na Homestead High. Jobs descobriu como apresentar e divulgar as incríveis placas de circuitos de Wozniak e se tornou sócio na fundação da Apple." ISAACSON, 2011, p. 12.

de outras pessoas. Não deixe que o barulho das opiniões dos outros abafe sua própria voz interior.

Esse trecho é um exemplo de um importante recurso retórico chamado anáfora, repetição das mesmas palavras em frases consecutivas. Pense em Martin Luther King: "Eu tenho um sonho que... Eu tenho um sonho... Eu tive um sonho hoje." Grandes oradores políticos, de Churchill a King, de Reagan a Obama, usaram a anáfora para estruturar argumentos fortes. Esse é um recurso que está à disposição de todos que queiram causar grande impacto na audiência. Talvez por isso os grandes líderes o utilizem com frequência.

Jobs termina seu discurso com sua manchete, seu tema principal e conselho – "continue com fome, continue tolo". Assim ele repetiu seu tema principal várias vezes em uma apresentação. Nesse caso, ele repetiu "fique com fome, fique tolo" três vezes em seu discurso.

Esse discurso de Steve Jobs revela o segredo de seu sucesso como líder empresarial e comunicador: faça o que você ama, encare os contratempos como oportunidades e dedique-se à busca apaixonada pela excelência. Seja projetando um novo computador, introduzindo novos gadgets, administrando a Apple, supervisionando a Pixar ou fazendo uma apresentação, Jobs acreditou no trabalho de sua vida.

"Estou convencido de que a única coisa que me fez continuar foi o fato de amar o que fazia. Você tem que encontrar o que você ama."

A paixão foi um tema central na vida de Steve Jobs. Ele afirmava estar convencido de que era bem-sucedido porque teria seguido seu coração, sua verdadeira paixão. Quando se trata de técnicas de apresentação, essa afirmação tem muito sentido. Lembre-se, nenhuma de suas técnicas de apresentação funcionará se você não tiver uma paixão genuína por sua mensagem. Encontre a única coisa que você gosta tanto de fazer que mal pode esperar um novo dia para fazer tudo de novo. Compartilhe sua paixão por seu assunto, e seu entusiasmo será contagiante.

Ao ler esse breve caso sobre Steve Jobs, pergunte-se: "Por que não eu? Por que não consigo energizar meu público como Jobs?". A resposta é: "Sim, você pode!". Como você pode ver, a habilidade de Jobs para as apresentações não era natural. Ele trabalhou em desenvolvê-la. Embora sempre tenha tido um talento teatral, seu estilo evoluiu e melhorou ao longo dos anos. Jobs sempre esteve incansavelmente focado na melhoria, trabalhando em cada slide, cada demonstração e cada detalhe de uma apresentação. Cada apresentação contava uma história e cada slide revelava uma cena.

Esta é a última e mais importante lição que Steve Jobs pode te ensinar: o poder de acreditar em si mesmo e em sua história. Ele seguiu seu coração a vida inteira. Siga o seu para cativar o seu público. Dessa forma, você estará um passo mais próximo de fazer apresentações incrivelmente impactantes e se tornar uma liderança eloquente.

OZ

CAPÍTULO 7

TORNE-SE UM LÍDER ELOQUENTE

Os líderes excepcionais do mundo também são comunicadores excepcionais. Eles podem pegar uma ideia existente em suas mentes, replicá-la para outras mentes e construir um movimento de massa dedicado a manifestá-la. Eles podem sutilmente estimular os outros a pensar de certa maneira, a agir de certa maneira e a viver de certa maneira. Eles podem ganhar confiança imediatamente, transmitir credibilidade e obter autoridade.

Tais líderes podem argumentar bem, apresentar bem suas propostas e persuadir ainda melhor. Eles podem influenciar instantaneamente quase qualquer pessoa, em quase qualquer situação, a acreditar em quase tudo. Eles podem falar com total confiança em si mesmos, em suas ideias e em suas visões para o futuro. Eles são visionários e verdadeiros líderes. Eles são aqueles que não perguntam "Por quê?", mas "Por quê não?", e inspiram outros a realizar feitos incríveis, como colocar um homem na Lua ou construir a cidade de Brasília.

Líderes excepcionais são empáticos: eles entendem como os outros se sentem e como se comunicar com tais sentimentos. Eles são poderosos: são altamente eficazes porque estão muito bem-preparados para lutar no único campo de batalha importante, o campo de batalha das ideias. Eles vencem sob o peso dos fardos que dobram os outros. Eles são ousados e corajosos, capazes e competentes, persuasivos e inspiradores. Eles combinam boas intenções com a capacidade de fazer a diferença. Sua presença é uma dádiva para todos ao seu redor.

Neste ponto, tendo aprendido um método que pode transformar sua capacidade de comunicação como líder, tendo visto tantos líderes que tiveram um ponto de partida parecido com o que você está vivenciando neste momento, eu faço a seguinte pergunta: "Você quer se comunicar como um desses grandes líderes?".

Se você for como a maioria das pessoas, saiba que é capaz de fazer muito mais do que pode imaginar. Você tem a capacidade de mobilizar as pessoas, inspirá-las, dar esperança aos desesperançados e mostrar um caminho aos perdidos. Você tem a capacidade de instruir e eletrizar, informar e inspirar, mas só se acreditar em sua capacidade. Os líderes que ficam mais nervosos com a ideia de falar em público são os que dizem as piores coisas para si mesmos.

Talvez você esteja neste momento pensando: "Ah Ricardo, mas não tenho como falar em público e ser um líder como Steve Jobs ou Barack Obama. É um salto muito alto, mesmo considerando meus desejos e minhas ambições!".

Em 2020, quando me tornei Diretor de Crescimento do Toastmasters no Brasil decidimos criar pela primeira vez um Escritório de Palestrantes no país. Essa iniciativa teve por objetivo oferecer o próximo passo de profissionalização para os membros com maior desenvolvimento educacional na organização. Fizemos um amplo processo seletivo começando com quinhentos candidatos na primeira fase, selecionando quarenta candidatos para a segunda etapa e ficando com o pool final de dez participantes. Tínhamos como critério o nível educacional atingido na organização, vontade de se tornar palestrante ou ter experiência anterior na área. Oferecemos formação e a estruturação de um portfólio para cada um dos potenciais palestrantes.

Temos histórias pessoais incríveis dentre os selecionados para o Escritório de Palestrantes. Quero compartilhar contigo a história de quatro deles:

Caso: André Queiroz (ex-diretor-geral do Toastmasters Brasil)

André Queiroz trabalha atualmente como Gerente de Produto na Dell em Eldorado do Sul (RS). No Toastmasters, trilhou a maioria das funções de liderança da organização no Brasil, chegando a ser diretor-geral no período 2020/2021. André é um exemplo da transformação que a comunicação e a liderança podem causar na carreira de um profissional.

Em 2005, recebeu uma proposta de trabalho da Stefanini, uma empresa de tecnologia, para trabalhar no Rio Grande do Sul. Iniciaria sua atuação na empresa Dell, na área de testes, em função de seu perfil detalhista. Nessa época, André começou a se questionar: "Por que está todo mundo crescendo e eu não? Preciso sair dessa estagnação".

Em uma reunião de *feedback*, perguntou para a sua gerente o que seria necessário para ser promovido. Ela sugeriu que ele participasse de um grupo Toastmasters da Dell.[110]

Ao ter contato com a metodologia educacional do Toastmasters, ele viu que poderia estruturar melhor suas ideias. Em seu primeiro discurso, os colegas do clube acharam que ele já sabia falar bem em público. Com o tempo, um colega sugeriu que André desse uma olhada no manual de liderança. Ele disse: "Eu recebi, mas não dei muita atenção", e prontamente seu colega replicou: "Procure entender aquele manual, ele não é só para o Toastmasters. É para a sua vida. Vai te ajudar a perceber o seu potencial de liderança".

André achou fantástica a ligação que o manual estabelecia entre a comunicação e a liderança. Isso o fez despertar para funções de liderança em seu clube. Ele sentia facilidade em vender ideias e conceitos. Em uma visita que a diretora do distrito fez ao seu clube, acabou por conhecer André e convidá-lo para assumir uma vaga de diretor regional (diretor de área) responsável pelos clubes da região Sul do Brasil. Ele se sentiu um pouco inseguro com a oportunidade, mas a aceitou como um desafio.

Em 2017, André participaria da organização de sua primeira Conferência Nacional do Toastmasters Brasil realizada em São Paulo. Susan Hawkins, então diretora do distrito, pôde ver

---

110. Nota histórica: o clube da Dell no Rio Grande do Sul foi o primeiro clube Toastmasters criado no Brasil, em 2014, antes mesmo da formação do distrito no país.

sua capacidade de trabalho e, logo, convidou-o para assumir a Diretoria de Qualidade, responsável pelo treinamento dos novos líderes em nível nacional e pela organização da conferência anual de oratória. Novamente ele aceitaria o desafio.

Em seu primeiro mandato como Diretor de Qualidade, ele tinha a sensação permanente de que havia dado um salto muito alto, já que ainda não tinha sido presidente de um clube Toastmasters. Na ocasião, achava desafiador trabalhar com pessoas de outros estados sem o contato face a face. Ele acreditava que tinha que fazer tudo sozinho. Tinha dificuldades de montar equipes. Ele não estava indo bem no trabalho, até que um dia Susan o questiona: "Você quer continuar ou prefere passar a oportunidade para outra pessoa?". André persiste.

Tudo começou a mudar quando, em 2018, André participou do treinamento anual de líderes oferecido pelo Toastmasters International, que naquele ano aconteceria em Vancouver, no Canadá. Eram trezentas pessoas com trios de líderes de todo o mundo. André organizaria integralmente sua primeira conferência em 2018, recebendo o presidente mundial da organização na época, Balraj Arunasalam.

Na ocasião, Balraj compartilharia uma reflexão que mudaria a forma de atuação de André como líder: "Se um líder demonstra cansaço, todos os que estão abaixo dele vão esmorecer. Nós sempre temos que demonstrar ânimo. O líder é a fagulha que faz a coisa acontecer!"

Todo esse aprendizado como liderança ao longo dos anos o fez amadurecer, crescer e buscar se tornar líder de testes na Dell. Depois de um tempo, a promoção que almejava havia anos em sua carreira chegaria. Ele tinha conseguido reverter a imagem que aquela gerente havia apontado no início de sua carreira. Ele não era mais somente um "testador". Ele se tornara a pessoa que coordenava as atividades da equipe de desenvolvimento para a aplicação da qual eram responsáveis. Os conhecimentos obtidos no Toastmasters sobre como abordar as pessoas e como dar *feedback* foram muito úteis para ele.

Em fevereiro de 2020, André seria convidado pela então diretora do distrito, Maristela Câmara, a assumir o nível mais elevado de direção. Ele tinha um forte concorrente no processo eleitoral: Faisal Lee. Membro egresso da Malásia, Faisal tinha se dedicado muito nos dois anos anteriores ao processo eletivo. Todos conheciam Faisal Lee. André estruturou um processo de conversa com todos os dirigentes para entender suas necessidades em cada um dos clubes. Essa decisão acabou por lhe oferecer a vitória e ser eleito como o novo diretor do distrito para o período 2020/2021.

Durante sua atuação como diretor de distrito, tudo o que ele aprendia como dirigente aplicava em sua equipe na Dell, e o que aprendia em sua equipe trazia para o distrito. Conseguiu, assim, estabelecer um ciclo virtuoso de desenvolvimento como liderança. Atuar nessa posição fez consolidar sua crença de que tinha capacidade para ser um bom líder.

André decidiu, então, submeter uma candidatura para uma vaga de Gerente de Produto na Dell, e para a sua alegria ele foi selecionado. Seu chefe na ocasião afirmou: "Nós temos alguns times de P&D, mas eles precisam de orientação. Você vai dividir com outra pessoa a coordenação desses grupos". Eram nove grupos. André logo refletiu que atuava em alto nível com oito diretores regionais (diretores de área) e agora estava prestes a assumir a liderança de nove grupos. Aquele desafio soou natural para ele pela primeira vez. Ele começava a perceber a grande mudança que havia operado em sua trajetória como líder.

Caso: Douglas Lúcio (ex-presidente do Clube Campinas #1)

Douglas Lúcio foi presidente do clube Toastmasters Campinas #1, gestor da fábrica de Tecnologia da Informação na Dell e fundador da iniciativa "Selva Corporativa". Dentre todos os dez finalistas do grupo do Escritório de Palestrantes do Toastmasters Brasil, Douglas foi aquele que mais se destacou por sua retórica de alto impacto, algo possível de ser observado nos vídeos de seu perfil do Instagram "Selva Corporativa" (@selvacorporativa).

Douglas iniciou a carreira com 16 anos em uma empresa de tecnologia de médio porte. Dois anos depois, ele seria desligado. Sentiu pela primeira vez a dor de uma demissão. Após oito meses, em 2012, foi indicado para uma vaga na Dell. Entrou como estagiário e prometeu a si mesmo que daria o seu melhor em função de sua recente demissão. Ele se definiria como alguém que tem "fome"!

A relação de Lúcio com a comunicação começaria aos 13 anos. Steve Jobs e Silvio Santos foram duas figuras que o inspiraram desde o princípio. Após um tempo, ele já era reconhecido pelos colegas como alguém bom de comunicação. Suas primeiras apresentações aconteceram quando ainda estava na 7ª série, muito em função das crenças apoiadoras transmitidas pela mãe. A inspiração em Silvio Santos remonta aos tempos em que o pai trabalhava no Teleton e Lúcio podia observar as gravações. Naquelas ocasiões, ele olhava Silvio e dizia: "Um dia, quero ser como ele!".

Douglas conheceu o Toastmasters em 2014, em uma visita à sede da Dell em Eldorado do Sul, tendo visto um material de divulgação do clube. Em 2016, navegando no LinkedIn, viu um colega da Dell dizendo que iria montar um clube Toastmasters em Hortolândia. Douglas demonstrou interesse em participar da iniciativa. Ao entrar para o Toastmasters, percebeu as oportunidades de desenvolver a comunicação se desconstruísse crenças limitantes. Logo passou a ser mentor dos colegas, e teria início sua jornada como líder na organização. Em função do aumento da carga de trabalho, optou por deixar o clube corporativo da Dell e se unir ao clube Campinas #1.

Em 2017, Douglas começou um novo perfil no Instagram por inspiração de um livro que havia lido: *A estratégia do Olho de Tigre*. O livro traz consigo o termo "Selva Corporativa", que seria aproveitado por Douglas para denominar seu projeto pessoal. No início, o perfil compartilhava dicas de carreira e mensagens de encorajamento. O perfil foi crescendo, e em 2021 Douglas passou a vê-lo como um instrumento para transformar o desenvolvimento de pessoas.

Ele atuou como presidente do clube Campinas #1 e fala dentro da Dell sobre liderança. Nessa função, passou a ter contato com outros líderes e liderá-los. Segundo ele, colheu frutos no trabalho, em eventos fora e voltados para fazer negócios. Aprendeu a dar *feedback*, organizar eventos e manter um time de alto desempenho atuando como líderes.

Nos anos de 2020 e 2021, ele foi gestor de Tecnologia da Informação responsável pela planta da Polônia e hoje possui a mesma função para a fábrica do Brasil. Em 2023, Douglas fez uma apresentação sobre si para o alto corpo executivo da Dell, na qual usou a metáfora de um cubo para falar de suas várias facetas. Ao término da apresentação, um dos executivos veio até ele e disse: "O Toastmasters deve estar muito satisfeito com você. Você claramente sabe fazer uma apresentação!". Como ex-diretor-geral do Toastmasters no Brasil posso dizer que sim, esse executivo estava coberto de razão!

Caso: Felipe Sandin (ex-diretor de divisão do Toastmasters e campeão de oratória)

Felipe Sandin é filósofo de formação, trabalha na área de vendas da IBM, com inteligência de negócios, tendo ocupado várias posições de liderança no Toastmasters. Como projeto pessoal, tem uma atuação inusitada: celebra casamentos. Vejamos como tudo isso começou.

Sandin começou a trabalhar aos 18 anos. No início, não tinha muita clareza do que queria fazer. Desde cedo demonstrou habilidade de relacionamento interpessoal. Sua primeira atividade profissional estava ligada à área de vendas. Foi o único que teve oportunidade de estudar em colégios particulares e entrar para a universidade aos 20 anos.

Durante a universidade, Felipe foi aprovado em um processo seletivo do Banco HSBC e lá trabalhou por seis anos. Trabalhava durante o dia e estudava à noite. Estudou Filosofia. Questionador e reflexivo, quis morar no exterior. Morou em Los Angeles quando estava próximo de seus 30 anos e trabalhou por três meses na escola de idiomas da qual era aluno. Ao retornar ao Brasil, trabalhou brevemente na recepção de um hotel, onde viria a conhecer sua futura esposa.

Em 2012, Felipe Sandin foi aprovado em um processo seletivo da IBM. Entrou em uma área de *back-office* da área financeira da organização no Rio de Janeiro. Curioso, Sandin aproveitou todas as oportunidades de desenvolvimento pessoal que a corporação lhe ofereceu. Em 2016, começou a buscar oportunidades de liderança nessa jornada de crescimento profissional. Foi então que conheceu o Toastmasters.

> A IBM e o Toastmasters mudaram minha vida. Na IBM, tive a oportunidade de conhecer o Toastmasters, que me trouxe muito autoconhecimento. Ele me trouxe todo esse desenvolvimento através do programa educacional que oferece.

Em 2016, entrou no Toastmasters. No ano seguinte, já se tornaria um dos dirigentes do clube corporativo da IBM no Rio de Janeiro: Rio Speak Out. Ao se engajar cada vez mais nas atividades de liderança do clube, Sandin começou a ganhar confiança em sua capacidade de engajar e liderar pessoas.

Felipe se identificou muito com as trilhas educacionais de liderança e comunicação oferecidas pelo Toastmasters. À medida que fazia os projetos do programa educacional Pathways, ia ficando maravilhado com seus resultados e com o quanto se desenvolvia.

Em função de seu acelerado desenvolvimento, Felipe Sandin se tornou o dirigente de relações públicas e depois foi presidente de seu clube por dois anos consecutivos. Tornou-se um dos embaixadores da metodologia educacional (Pathways) do Toastmasters quando ela foi lançada no Brasil, em 2019. Além disso, Sandin ganhou dois campeonatos nacionais de discursos de improviso do Toastmasters e foi vice-campeão do campeonato de discursos preparados.

Como presidente de seu clube, Felipe ampliou o alcance da iniciativa dentro da IBM. O sucesso do clube foi tão arrebatador que ele já não conseguia ofertar vagas para todos os funcionários que queriam participar. Assim, surgiu um novo clube comunitário chamado Carioca Toastmasters, que visava atender, no período noturno, os funcionários da IBM, não atendidos pelo clube Rio Speak Out. Nos anos seguintes, ele se tornaria diretor regional (diretor de área) e diretor nacional (diretor de divisão) do Toastmasters, apresentando resultados excepcionais para a organização.

Nosso colega foi assim capaz de demonstrar sua capacidade de liderança para seus gestores através do Toastmasters. Em função dos contatos estabelecidos, ele foi conectando-se com novas pessoas e ampliando sua rede de relacionamentos na IBM. Um colega do Toastmasters que havia trabalhado em posições de liderança com Felipe percebeu sua qualidade como líder e o convidou para uma vaga em nova área da organização. Ele trabalharia na área de vendas com otimização de ferramentas para inteligência de negócios.

Em seu processo de desenvolvimento, Felipe descobriu o sabor de falar em público. O Toastmasters foi aos poucos deslocando seu conhecimento do mundo corporativo para a comunicação interpessoal. Logo, ele começou a aplicar os novos conhecimentos em suas relações pessoais.

No ano de 2020, durante a pandemia, Sandin foi apresentado a Bruno Flores do Bendito Casamento. Uma amiga em comum contou que Bruno estava lançando um curso de celebrantes e que ela acreditava que faria sentido para Felipe em função de todo o desenvolvimento que ele já havia alcançado com a comunicação interpessoal. Felipe fez o curso, aprendeu como celebrar um casamento e como funcionava aquele mercado. Ele se conectou com sua formação religiosa na igreja evangélica da juventude. Na IBM, continuava com seu desenvolvimento e estava com o inglês afiado em função das rotinas de trabalho com estrangeiros e da prática no clube Toastmasters.

Bruno Flores indicou a primeira noiva para Felipe. Aquela foi sua primeira celebração em português e inglês. Ele dedicou-se tanto quanto se dedicava aos seus projetos no Toastmasters para celebrar seu primeiro casamento, e teve resultados excepcionais. Ele se conectou imediatamente com a história do casal e pessoalmente com eles. No dia da cerimônia, ele pôde ver as pessoas gargalharem, chorarem, se emocionarem. Quando saiu da cerimônia, estava em êxtase. Chegou à conclusão de que deveria investir a fundo nesse novo projeto. Desde então ele celebrou outros vários casamentos. Quase um por mês, até dezembro de 2022. Somente três desses casamentos foram realizados em português. Todos os outros foram no formato bilingue.

Em 2023, Felipe Sandin liderou a organização da Conferência Nacional Toastmasters realizada em São Paulo, tendo atuado como um brilhante mestre de cerimônias ou *conference chair*, como chamado na organização. Instado a refletir sobre sua experiência como líder e comunicador, Felipe estabelece uma importante conclusão:

> Esse papo todo de liderança diz respeito a quem queremos ser. Quando você pensa em que tipo de líder pretende ser, você precisa se entender, para entender as pessoas e poder liderá-las. Eu sou outro depois do Toastmasters e de ter me tornado celebrante de casamento!

Caso: Daniel Caputo (ex-diretor de área e conference chair 2022)

Daniel Caputo trabalha atualmente na IBM, em Atlanta, como *deployment manager*, uma espécie de gerente de projetos. Foi campeão mundial de caratê. Sendo portador de diabetes, especializou-se em realizar palestras profissionais sobre o tema. No Toastmasters, Daniel ajudou a fundar o clube Sharp Leaders, do qual seria presidente, foi diretor regional (diretor de área) e coordenador da Conferência

Nacional do Toastmasters que aconteceu em maio de 2022 no Rio de Janeiro.

Aos 14 anos descobriu que era diabético. Aos 15 anos se filiou à Federação de Caratê. Começou a participar de competições estaduais. Seu primeiro campeonato nacional aconteceu em 1998. Em 2001, foi campeão brasileiro. Em 2002, aos 17 anos, acordou certa manhã passando muito mal. Foi para o hospital e ficou internado. Ficou em coma por 21 dias. Segundo me disse em sua entrevista: "O maior temor de um diabético é o coma!". Chegou a pesar 35 quilos. Caputo aprendeu nessa época que o mais importante é saber que se é responsável pelas próprias atitudes e que sempre é possível corrigir o caminho. Sempre dá tempo, segundo ele. Ele costuma fazer um paralelo entre o guepardo, o leão e o tigre: "O que faz do guepardo um grande caçador não é a força. O leão e o tigre são mais fortes. O que faz dele um grande caçador é sua capacidade de mudar rapidamente de direção".

O garoto diabético que quase morreu aos 17 anos tinha ganhado, até ali, três vice-campeonatos estaduais de caratê. Em 2002, após seu coma, seus resultados no caratê melhoraram de forma vertiginosa. Ele foi para a Seleção Brasileira. Recebeu patrocínio da Novo Nordisk, maior fabricante de insulina do mundo.

Em 2002, ganhou uma Copa do Mundo. Em 2003, ganhou o primeiro campeonato mundial na Rússia. O Daniel que volta à vida sagrou-se um autêntico campeão ganhando quatro medalhas de campeonatos mundiais, dez campeonatos brasileiros, três panamericanos. Caputo dizia para si: "Não é o diabetes que me define, e sim a minha atitude!".

Paralelo a sua carreira bem-sucedida como atleta, Caputo iniciaria uma jornada como palestrante voltado para o público de diabéticos. Sua primeira palestra profissional seria ministrada em 1999, na sucursal carioca da Sociedade Brasileira de Diabetes. Naquela ocasião, ele não tinha uma metodologia para entregar suas palestras. Falava o que vinha à sua mente. Conforme foi fazendo suas palestras, percebeu que tocava as pessoas. Entendeu que teria potencial para tocar não somente seu público-alvo, mas também pessoas para além de seu público.

Em 2009, ele se aposentaria como atleta e se perguntaria o que faria a seguir. Por indicação de uma amiga, em fevereiro de 2013, Caputo faria sua estreia no mundo corporativo. Ele foi aceito para uma vaga temporária de seis meses na IBM. Concluiu que teria no máximo quatro meses para tornar permanente sua posição na empresa. Viu nas palestras o principal veículo para levá-lo até lá.

Daniel organizou a primeira edição do "Dia Mundial de Saúde" na IBM. Ele passou a usar uma abordagem inovadora para alavancar seu trabalho. Coletava e consolidava todos os erros gerados pela aplicação que gerenciava e organizava palestras bem-humoradas para seu departamento, nas quais propunha soluções para os problemas identificados de forma que houvesse uma melhora coletiva nos processos. Foi gradualmente desenvolvendo seu *networking* na empresa e acabou por conseguir uma vaga permanente na IBM. Ao longo desse processo surgiu o Toastmasters.

Em sua primeira palestra feita em inglês para colegas da IBM norte-americana, percebeu-se tremendo e suando frio como se fosse um iniciante. Assim, em outubro de 2018, Caputo entraria para o Rio Speak Out, o clube corporativo da IBM, com o objetivo de melhorar seu inglês. Viu em um concurso da melhor foto promovido pela revista da Toastmasters International com membros dos clubes, a oportunidade de colocar seu clube no mapa mundial da organização. O Rio Speak Out foi vencedor da competição. Como decorrência, em três meses assumiria sua primeira função como dirigente de relações públicas.

Como comunicador, apesar de ser um palestrante experiente, Daniel percebeu que o método educacional Toastmasters poderia trazer estrutura para ampliar o impacto de sua fala. Após um ano de trabalho, ele percebeu o tamanho de sua empresa. Como sempre nutriu forte admiração pelos Estados Unidos, começou a buscar formas de viabilizar uma recolocação para aquele país. Tinha um filho pequeno, então aspirava proporcionar melhores oportunidades para ele.

Em 2019, conversou com sua gerente e compartilhou sua intenção de usar parte das férias para visitar a sede da IBM em Armonk e ampliar sua rede de relacionamentos. Já nos Estados Unidos, desafiou-se novamente, apresentando-se na Universidade de Manhattan. Em suas palavras: "Aproveitei que estava lá [nos Estados Unidos] e me apresentei na Universidade de Manhattan. Uma coisa é falar inglês em nosso país, outra é falar na casa do outro. Eu fui lá me testar, me colocar à prova".

Com a ajuda de sua rede, realizou uma série de reuniões com executivos da empresa em Armonk. Fez aproximadamente vinte reuniões individuais de até vinte minutos com os COO, CFO, CEO, executivos de altíssimo escalão na empresa. Aproveitava nesses encontros uma habilidade desenvolvida no Toastmasters: o discurso de improviso. Falava de suas habilidades, e os executivos de forma unânime recomendaram que Caputo migrasse para a área de vendas, dada a sua facilidade com a comunicação e a criação de novas conexões pessoais e profissionais. Nesse momento, concluiu que o Toastmasters estava realmente trazendo impacto para a sua carreira.

Um mês após retornar de Armonk, Caputo conseguiria uma vaga para trabalhar na IBM em São Paulo. Em sua entrevista, a sua futura gerente viu em seu currículo que ele fazia parte do Toastmasters e disse: "Estamos criando mais um clube em São Paulo. Conto com a sua ajuda!". Daniel ajudaria na formação do então Bee Talkers, que depois passaria a se chamar Sharp Leaders, com a mudança da natureza do clube, originalmente formado somente por funcionários da IBM e depois tendo seu público-alvo ampliado. Assumiria a presidência do clube. Em função de seu destaque, seria convidado pelo diretor-geral do Toastmasters para atuar como diretor regional, e no segundo semestre de 2022 recebeu o mais alto nível de distinção para um membro da organização, o título de *Distinguished Toastmasters* (DTM).

No dia 21 de maio de 2022, tive a oportunidade de ver Daniel Caputo em sua plenitude atuando como palestrante. Como coordenador geral da Conferência Toastmasters, ele também foi o mestre de cerimônias do evento. Ele nos fez rir, emocionou-nos relembrando os dois anos difíceis que havíamos vivido na organização em função da pandemia, interagiu com nosso palestrante principal, Darren LaCroix, como se fossem amigos de longa data, foi por ele homenageado e brilhou como o campeão que havia sido no esporte. Fiquei maravilhado com sua brilhante condução do evento. No coquetel, após toda a explosão de sentimentos que vivemos, eu conversava com Daniel e lhe perguntava: "E então, Caputo, quais serão seus próximos passos?".

Daniel continuava nutrindo o forte desejo de morar nos Estados Unidos, trabalhando profissionalmente. Ao retornar para o Brasil de sua visita a Armonk, buscou aliar os conceitos de mentores da IBM e do Toastmasters. Com seu mentor, reforçou seu desejo de ser repatriado e ouviu: "Esquece! Com a pandemia as empresas entenderam que o trabalho remoto é possível. Não faz sentido trazer alguém para cá [Estados Unidos]. Você consegue trabalhar remotamente".

Novo revés para nosso campeão. Ele insistiu. Descobriu um tipo especial de visto voltado para ex-atletas e submeteu sua candidatura. "Irei usar toda a minha experiência como atleta no campo. Sou formado em educação física. Sei dar aulas. Transformo crianças de comunidades carentes em atletas de alto rendimento e campeãs mundiais. Uni ao problema de saúde pública, que é a diabetes nos Estados Unidos. Lá morrem milhões de pessoas todos os anos com diabetes. Apoiei minhas afirmações mostrando o quanto os Estados Unidos gastam com saúde pública para tratar essa doença. Minha candidatura foi aprovada em quatro dias!"

Agora Caputo tinha um visto, mas ainda não tinha uma vaga de trabalho. Ele procurou por vários caminhos dentro e fora da IBM. Depois de várias tentativas e negativas, conseguiu uma entrevista para uma posição na qual seria o elo entre os times de vendas e marketing. Preparou sua apresentação com todas as técnicas que havia aprendido nos últimos cinco anos. Treinou com várias pessoas. Tudo certo para o grande dia!

No dia de sua entrevista, o aplicativo de reuniões on-line não funcionou e ele não pôde usar os slides que havia preparado. Ele teve que improvisar e "tocar de ouvido". Em função de uma experiência negativa que viveu ao apresentar seu primeiro projeto no Toastmasters, pôde anos depois ressignificá-la. Na ocasião, ele havia preparado slides para se apresentar aos colegas, mas como eles não funcionaram, ele teve o clássico esquecimento e não conseguiu fazer uma boa apresentação.

A partir dessa experiência, ele aprendeu que seus slides deveriam ser utilizados somente como apoio visual, e não como muleta, como ele afirmou que fazia no início de sua

> jornada como palestrante. Nesse ponto, ele conta algo muito interessante: "Eu apresentei tudo, e no final mandei os slides para eles. Eles me responderam dizendo: 'Tudo o que você falou está aqui nos slides. Adoramos!' Foi muito bom conseguir falar tudo o que eu havia planejado e ainda conseguir controlar a ansiedade num momento chave de minha vida".
>
> Logo nosso campeão receberia uma oferta para trabalhar como Deployment Manager na IBM nos Estados Unidos e se mudaria para Atlanta. Hoje, Daniel Caputo tem a oportunidade de oferecer para seu filho a vida que sempre sonhou.

08

CAPÍTULO 8

ENCONTRE SUA VOZ E SEJA A MUDANÇA NO MUNDO!

A comunicação cria realidades. Os líderes moldam nosso mundo ao comunicar grandes ideias inspirando paixão por um grande objetivo em larga escala ou não. Grande ou pequeno, grandioso ou humilde, um sonho exige trabalho em equipe.

Edith Barcelos, que foi executiva no setor de tecnologia e minha antecessora como diretora-geral do Toastmasters no Brasil, costuma dizer: "Ninguém consegue realizar nada que é grandioso e relevante sozinho".

Ninguém constrói nada que valha a pena construir sem a contribuição de outras pessoas e, às vezes, muitas delas. E ninguém recebe essa contribuição sem uma comunicação poderosa.

Em agosto de 2022, tive a oportunidade de conhecer pela primeira vez a capital dos Estados Unidos, Washington. Lá fica a sede do Banco Interamericano de Desenvolvimento, onde tive a oportunidade de trabalhar por um mês com meus colegas. Em um dos fins de semana de um ensolarado verão, visitei o Museu Nacional de História e Cultura Afro-Americana Smithsonian.

O museu de quatro andares foi inaugurado em 24 de setembro de 2016, tornando-se o único museu nacional exclusivamente dedicado à documentação da vida, história e cultura afro-americana. Esse museu é uma maravilha arquitetônica que apresenta inúmeras exposições interativas.

Adoro visitar museus, principalmente em viagens ao exterior, nas quais há uma enorme gama de possibilidades. As pessoas haviam me recomendado fortemente essa visita. Circulei por vários andares das exposições do museu. Quando visitei a última parte no subsolo, fiquei absolutamente impressionado com a história da inserção dos negros nos Estados Unidos e o do uso da tecnologia para descrevê-la.

Andei pelas várias exposições, tais como a **Encruzilha Musical**, que mostra detalhes da história da música afro-americana, desde a chegada dos primeiros africanos até os dias de hoje; **Escravidão e liberdade**, que usa relatos em primeira pessoa e artefatos históricos marcantes para contar uma história incrivelmente complicada. A exposição traça a escravidão desde a África e Europa do século 15 até a Guerra Civil e a Reconstrução nos Estados Unidos, e, por fim, **Defendendo a liberdade, definindo a liberdade** e **Uma América em Mudança**. O primeiro cobre a era da segregação e o início do Movimento dos Direitos Civis, destacando a luta que os negros enfrentaram e conquistaram para estabelecer uma identidade cultural e suas próprias comunidades, mudando a nação ao longo do caminho. Este último vai de 1968 até hoje, cobrindo o assassinato de Martin Luther King, Jr. aos dois mandatos de Barack Obama como presidente, indo dos Panteras Negras a #BlackLivesMatter.

Em **Uma América em Mudança** pude ver a importância de Martin Luther King Jr. como o principal líder negro do Movimento dos Direitos Civis nos Estados Unidos. King Jr. foi um pastor fortemente influenciado pelas ideias de Mahatma Gandhi. Ele defendia o uso de táticas de não violência para alcançar os direitos almejados pela população negra dos Estados Unidos naquele momento do país.

Nesse ponto do museu há uma seção com vídeos dos líderes comunicadores desse momento da história norte-americana e lá está o poderoso e célebre discurso de Martin Luther King Jr.: "Eu tenho um sonho". Seus manuscritos podem ser vistos na forma original. Compartilho com você agora um dos vários trechos que me toca muito todas as vezes que leio ou assisto esse discurso:

> [...]
> Eu digo-lhes hoje, meus amigos, que embora nós enfrentemos as dificuldades de hoje e amanhã. Eu ainda tenho um sonho. É um sonho profundamente enraizado no sonho americano.
> Eu tenho um sonho que um dia esta nação se erguerá e experimentará o verdadeiro significado de sua crença: "Acreditamos que essas verdades são evidentes, que todos os homens são criados iguais".
> Eu tenho um sonho que um dia, nas encostas vermelhas da Geórgia, os filhos dos antigos escravos sentarão ao lado dos filhos dos antigos senhores, à mesa da fraternidade.
> Eu tenho um sonho que um dia, até mesmo no estado de Mississippi, um estado sufocado pelo calor da injustiça, sufocado pelo calor de opressão, será transformado em um oásis de liberdade e justiça.

Eu tenho um sonho de que os meus quatro filhos pequenos viverão um dia numa nação onde não serão julgados pela cor de sua pele, mas pelo conteúdo de seu caráter. Eu tenho um sonho hoje!

Eu tenho um sonho que um dia, no Alabama, com seus racistas malignos, com seu governador que tem os lábios gotejando palavras de intervenção e negação; nesse justo dia no Alabama meninos negros e meninas negras poderão unir as mãos com meninos brancos e meninas brancas como irmãs e irmãos. Eu tenho um sonho hoje!

Eu tenho um sonho que um dia todo vale será exaltado, e todas as colinas e montanhas virão abaixo, os lugares ásperos serão aplainados e os lugares tortuosos serão endireitados e a glória do Senhor será revelada e toda a carne estará junta.

Esta é nossa esperança. Esta é a fé com que regressarei para o Sul. Com esta fé nós poderemos cortar da montanha do desespero uma pedra de esperança. Com esta fé nós poderemos transformar as discórdias estridentes de nossa nação em uma bela sinfonia de fraternidade. Com esta fé nós poderemos trabalhar juntos, rezar juntos, lutar juntos, para ir encarcerar juntos, defender liberdade juntos, e quem sabe nós seremos um dia livre. Este será o dia, este será o dia quando todas as crianças de Deus poderão cantar com um novo significado.[111]

---

111. VILLA, 2018. p. 287-293.

Qual é o seu sonho? Você quer ser protagonista nessa grande missão de mudar o mundo? Se você aceitar esse desafio de criar esse mundo que está hoje em seu coração, vai precisar desenvolver novas habilidades de comunicação para impactar as pessoas que vão materializar essa linda visão que você carrega consigo.

Em nossa jornada para mudar o mundo, as pessoas vão resistir, não ficarão animadas; talvez amem o mundo como ele é. Encontraremos resistência. É por isso que temos de ir e voltar. É como velejar. Quando velejamos contra o vento e há a resistência dele, temos que mover o barco para a frente e para trás para poder pegar o vento. Temos de pegar a resistência que vem contra nós quando velejamos. Curiosamente, se pegarmos o vento e ajustarmos as velas corretamente, o barco vai navegar mais depressa do que o próprio vento. Assim, o modo como irão resistir entre o que é e o que pode ser vai trazê-los para sua ideia mais rápido do que se você não agisse dessa forma.

Você não precisa de sorte para ser uma liderança persuasiva e inspiradora. Você só precisa de exemplos, técnicas, paixão e prática. Você também precisa de coragem para seguir a sua paixão, articular suas ideias com simplicidade e mostrar ao mundo o que faz seu coração bater mais forte. A semente da mudança já está aí com você, basta acreditar e se transformar na liderança que vai colocá-la em movimento.

Antes de ir, quero fazer a você um pedido que Barack Obama[112] fez aos cidadãos norte-americanos ao se despedir em seu último mandato presidencial:

---

112. DIONNE JUNIOR, E. J.; REID, 2017, p. 318.

Sejam vocês jovens ou jovens de coração, de fato tenho algo a lhes pedir como seu presidente: a mesma coisa que pedi quando apostaram em mim oito anos atrás. Peço-lhes que acreditem. Não na minha capacidade de promover a mudança, mas na de vocês mesmos.

Acredite em você, em seus sonhos, na transformação que seu coração pede que você entregue! Afinal, é para isso que você veio a este mundo!

Qual é seu sonho hoje? Seja qual for e o que decida fazer com ele, conte comigo e o Toastmasters em sua jornada!